春明 力
Chikara Haruake

ズルいほど
幸運を引き寄せる
手帳の魔力

すばる舎リンケージ

はじめに

ズルいほど幸せな人の秘密

あなたのまわりに、**ズルいほど人生がうまくいっている人**はいませんか？

まわりがうらやむほど、幸せそうで、楽しそうで、自分の思い通りに、好きなように生きている人です。

私のまわりにもそんな、ズルいはど幸せな人がたくさんいます。

ズルいほど幸せな人は、自分の大好きな時間を過ごしています。毎日、自分の大好きな場所で、大好きな人と一緒に、大好きなことをしています。

自分の大好きな仕事を、大好きなお客さん、大好きな仲間とだけして、好きなときに休み、好きなだけのお金を手に入れる。

自分の好きな服を着て、自分の好きなものを食べて、自分の好きな時間に寝て、自分の好きな時間に起きる。

休日には、自分の大好きな趣味を満喫し、大好きなものを買い、大好きなパートナーや大好きな友人と、大好きなところに旅行に行く。

ズルいほど幸せな人は、自分の大好きなものに囲まれながら、自分の好きなように日々を過ごし、理想のライフスタイルを送っているのです。

「そんなのムリだよ……」

「特別な人のことだから……」

「どうせ私なんか……」

そう思う人もいるかもしれません。

でも、大丈夫。

誰もが、まわりが嫉妬するほど、幸運を引き寄せる体質に生まれ変わることができます。

毎日が、自分の大好きな時間でいっぱいで、ウズウズしてたまらない、そんな理想のライフスタイルを送ることができるのです。

信じられないかもしれませんが、本当です。

今まで、３０００人のクライアントさんの「理想のライフスタイル」実現をお手伝いしてきた私が言うのですから、間違いありません。

そのなかから、「私なんか……」と言っていた数多くの人たちが、まわりがうらやむほど、幸せな「理想のライフスタイル」を手に入れる姿を見てきました。

あなたも、きっと「ズルいほど幸せな、理想のライフスタイル」を手に入れることができるはずです。

手帳に秘められたスゴい力

先ほどお伝えしたように、私のまわりには、ズルいほど幸せな人がいっぱいいます。

なぜ、その人たちが、ズルいほど幸運を引き寄せ、理想のライフスタイルを実現しているのか。

その秘密は、**1冊の手帳**にあります。


手帳には、幸運を引き寄せる「魔力」があります。

あなたの毎日を、大好きな時間でいっぱいに塗り替え、自分らしい時間でワクワクする、理想のライフスタイルを送ることができる不思議な力です。

我慢することなく、無理することなく、自然体であなたらしく過ごしながら、大好きなことが次々とやってくる、スゴい力です。

突然、そう言われても、すぐには信じられないかもしれません。

「もう、手帳は持っているし……」
「今まで散々手帳を活用してきたけど……」
「昔は手帳を使っていたけど、意味がなかった……」

そんな人もいるでしょう。

そう、ほとんどの人が手帳は持っているのです。
でも、人生がうまくいかない。
なぜなら、**手帳の力をうまく活かしきれていない**のです。
言い換えると、人生に秘められた可能性を、開花しきれていないのです。

手帳＝人生です。

あなたの手帳が大好きな時間でいっぱいになると、あなたの人生が大好きな時間でいっぱいになるということです。

多くの人は、「予定」を忘れないために、「アイデア」を忘れないために、「打ち合わせ内容」を忘れないために、手帳を使っています。

だけど、「忘れないために」という目的だけで手帳を使っていては、幸せを引き寄せることはできません。大好きな時間でいっぱいになりません。

手帳は、忘れないために使うのではなく、あなたの人生を大好きな時間でいっぱいにするために使うものなのです。

ズルいほど幸運を引き寄せる手帳の魔力

あなたにとって胸が高鳴るほど「大好きな時間」ってどんなときですか？

ずっと行きたかった場所へ旅行したとき。
憧れの人と出逢ったとき。
大好きな人と一緒に過ごすとき。
心躍る趣味に没頭しているとき。
待ち焦がれたアーティストのライブ会場にいるとき。
大好きな漫画や映画に夢中になっているとき……。
それとも……？

あなたにとって、「大好きな時間」を思い出してみてください。

そして、その「大好きな時間」が訪れる前、あなたはどんな目をしているか思い浮かべてみてください。


きっとあなたの目は、まぶしいほどに輝いているはずです。

そう、この本はそんな「大好きな時間」を……、**大好きな〝未来〟と〝今〟を手に入れていただくための本**です。

まわりに聞こえてしまうほどの胸の高鳴りを感じる「大好きな未来」。そして、まぶしいほど目を輝かせながら、その未来に向かう「大好きな今」を過ごしていただくための本です。

そのためには、**あなたを不幸にする「気が乗らない、イヤな予定」を手帳から減らして、あなたを幸せにする「ウズウズしてたまらない、大好きな予定」で手帳をいっぱいにすれば良いのです。**

イヤな予定で手帳がいっぱいになると負のスパイラルに

私の手帳は昔、「気が乗らない、イヤな予定」でいっぱいでした。

でも、そのことに気づいたのは、ダメな結果を散々生み出してきたあとのことでした。

なぜなら、イヤな予定で手帳をいっぱいにしている本人は、自らイヤな予定を選択していることにすら気づかないからです。

無意識のうちに、「仕方がないこと」「当たり前のこと」として片づけてしまっているのです。

だから、気づくことなく、同じ行動を繰り返し、同じ結果を生み出します。

そして、こう思うのです。「私はやっぱりダメな人間だ」と。

あなたも、もしかしたら今、うまくいっていないことがあるかもしれません。

そして、以前の私と同じように、まわりの幸せそうな人たちを見て、「うらやましい」と感じてしまったり、自分に自信をなくしてしまったりしているかもしれません。

手帳との接し方を変えるだけで人生は変わる

だけど、それは「才能の差」なんかじゃありません。

「手帳との接し方の差」なのです。

手帳との接し方を変えるだけで、あなたの今は「大好きな時間」に溢れて、未来ももっと「大好きな時間」でいっぱいになっていきます。

あなたが今、「うらやましい」と感じている人以上の幸せを手にすることができます。

ズルいほど幸せな人になれるのです。

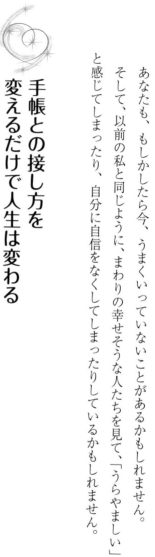

手帳のなかには、あなたのすべてが表れています。過去、現在、未来、あなたの人生の軌跡がそこには刻まれています。

それらの**中身を変えるだけで、あなたの人生は劇的に変わるのです。**

あなたの手帳には、どんな予定が多いですか？

あなたが幸せを感じられない「気が乗らない予定」でしょうか？

それともあなたを幸せにしてくれる「大好きな予定」でしょうか？

もし、あなたの手帳が、「気が乗らない予定」ばかりで埋め尽くされているのであれば、手帳との接し方を変え、あなたを幸せにしてくれる「大好きな予定」で、あなたの手帳をいっぱいにしてください。

もし、あなたの手帳の中身が、あなたを幸運へと導く「大好きな予定」でいっぱいなら、さらに「大好きな予定」で手帳をいっぱいにしてください。

そうすることで、**仕事も、お金も、恋愛も、家庭も、健康も、夢も、オシャレも、バカンスも、人生すべてがうまくいくようになります。買いたいもの、欲しいものは、すべて手に入るようになるのです。**

毎日が、史上最高に幸せな日々になるのです。

私は、手帳の魔力によって、それができるようになりました。

私は今、自分の手帳を「ウズウズしてたまらない、大好きな予定」でいっぱいにして、毎日が自分で自由に決められる「理想のライフスタイル」を実現しています。

今では講師となって、その「理想のライフスタイル」を実現する方法を多くの人にお伝えしています。

講師という大好きな仕事をしながら、好きなだけの収入を手に入れ、大好きな人と、大好きな場所で、好きなときに、好きな時間だけ働くという、楽しい毎日を過ごしているのです。

手帳との対話で人生はドラマチックに変わる

私の生徒さんにも、私と同じように「大好きな予定」で毎日がいっぱいで、「理想のライフスタイル」を実現している、ズルいほど幸せな人がたくさんいます。

ある生徒さんは、学生の頃から毎月愛読し、掲載されるのが夢だった雑誌に連載を持っています。

ある生徒さんは、休みもろくにない会社で働いていましたが、もっと自由に働きたいと願い、幸せになる行動を続けた結果、今では3カ月連続の休暇（バカンス）をとりながらも、収入は以前の10倍以上を得ています。

ある生徒さんは、憧れだった友人家族と同じように、心から愛するパートナーと大好きな子どもと一緒に、笑顔の絶えない家庭を築いています。

つい先日も、ある生徒さんから、「1年半前は通帳に8万円しかなかったのに、今は1000万円になりました」というメールをいただきました。


この話を聞いて、あなたはどんな気持ちになりましたか？

もしかして、「自分には無理」と思ってしまったかもしれません。

だとしても、私は断言できます。

「誰でも絶対に、理想のライフスタイルを手に入れられる」と。

あなたもドラマチックに人生を変えることができるのです。

なぜなら、今、例に挙げた人たち全員が、同じように「自分には無理」と思い込んでいる時期があったからです。


そんな時期があった人たちが、なぜ変わることができたのか？

それは、「幸せになる」という決断をしたからです。

そして、「幸せになる行動」を始めたからです。

幸せになると決めて、「幸せのためだけの行動」をしたからです。

そして、そのために大事なことは、〝**自分の行動と結果を把握して、幸せになる行動をしていくこと**〟です。

その上で、最も効果的なのが**「手帳と対話」**することなのです。

手帳はあなたに幸運の訪れを教えてくれる

「手帳との対話」をお勧めすると、ほとんどの方が「?」な表情をされます。

手帳は、人とは違い、話しかけてくるわけでもなければ、質問をしても答えてくれるわけでもないというのが一般的な考えなので、当たり前の反応です。

だけど、私は断言できます。

手帳には魔力があります。

手帳はあなたに話しかけてきてくれます。

手帳はあなたの質問に答えてくれるようになります。

自分の未来に迷ったときも、深く傷ついたときも、自分を信じられなくなりそうなときも、手帳はあなたに優しく語りかけてきてくれます。

ときには、親友のように。ときには、先生のように。ときには、恋人のように。

あなたに、幸運の訪れが来るのを教えてくれるのです。


人はひとりであがいても、なかなか望む未来にたどり着けません。


あなたは、「自分が常にベストな選択をしている」と言いきれますか？

「自分は今、何をすると、幸せに近づくのか？」という質問に、自信を持って答えられますか？

「経験したことがないことでも、絶対に迷うことはない」と言いきれますか？

もしそうじゃないのなら、手帳と対話してほしいのです。

手帳をあなた以上にあなたを知るパートナーにして、対話し続けてほしいのです。

私は、その方法を、これまで数多くの生徒さんにお伝えしてきました。

その結果、自分をダメな人間だと思い込んでいた方たちが、自信を持てるようになっていきました。

「今の自分が大好きになれた」

「過去の自分に感謝できるようになった」

「これからの自分が楽しみで仕方ない」

「絶対に幸せになれると言いきれる」

そんな声をたくさんいただいています。

結果が出ずに、自分をダメだと思い込んでいた人たちが、ただ行動を変えていくだけで幸せを手に入れていく。自信を手に入れていく。

その姿を散々見せていただいたから、私は心からこう思えるのです。

「ダメな人はいない。ダメな行動があるだけだ」

「ダメな行動を、幸せになる行動に変えることができれば、誰でも幸せになれる」

「手帳から、不幸を呼び寄せるイヤな予定を減らして、幸運を引き寄せる大好きな予定を増やせば、誰でも大好きな時間でいっぱいの、理想のライフスタイルを実現できる」と。

本書によって、あなたが、手帳の魔力を存分に活用し、人生を大好きな時間でいっぱいにして、あなたの大切にしている大好きな人たちとともに、もっともっとあなたが幸せになることを心から願っています。

春明力

もくじ

ズルいほど
幸運を引き寄せる
手帳の魔力

第1章 ズルいほど幸運を引き寄せる手帳の魔力とは？

第2章

お気に入りの手帳があなたを世界一ワクワクさせる

第３章

手帳の魔力で幸運のタネを増殖させる秘策

第４章

大好きな未来を引き寄せる手帳との向き合い方

第5章

手帳の魔力で人生は劇的に好転する

第1章

ズルいほど幸運を引き寄せる手帳の魔力とは？

あなたの人生が大好きな時間でいっぱいになる

あなたの人生を、大好きな時間でいっぱいにするために必要なことは、あなたの手帳のスケジュール欄を、大好きな予定でいっぱいにすることです。

手帳のスケジュール欄を、大好きな予定でいっぱいにするために最も大事なことは、

「自分の人生を大好きな時間でいっぱいにする！」

と決意することです。

そして、すべての時間を、大好きなことのためだけに、スケジューリングすることです。

「私はたいしたことない人間だから……」

「失敗ばっかりだから……」

「どうせ私なんか……」


そういう気持ちで、決して手帳と向き合わないでください。

その気持ちを持って手帳と向き合ってしまうと、「自分を幸せにするための手帳」ではなく、「自分を責めるための手帳」になってしまうからです。

ズルいほど幸運を引き寄せ、理想のライフスタイルを送るために、まずは、手帳を大好きな予定でいっぱいにすると、ここで決意してください。

あなたの人生はあなたが決めていいんです。

あなたはもっとわがままになっていいんです。

あなたは必ず幸せになることができるのです。

手帳の魔力が「大好きな未来」を引き寄せる

人は誰もが、過去の影響を受けています。

そのなかには、「過去に支配されている人」と「過去を活かしている人」がいます。

「過去に支配されている人」は、自分の過去を嘆きます。しかし、過去を嘆いても、悲しみを訴えても、何一つ未来が良くなることはありません。

一方で、**「過去を活かしている人」は、「その経験を、どうより良い未来につなげるか？」だけを考えています。**

「幸せになるためにはどうすればいいか？」

それだけを考えているのです。

自分の人生の責任は、自分にしかとることができません。

あなたを幸せに導くことができるのは、あなただけです。

「つらい過去」は、手帳の魔力で、「大好きな未来」へと変えることができます。

〝あの経験は、未来へどのように活かせるか？〟

〝幸せになるためにどんな予定を入れたらいいか？〟

〝手帳を、大好きな予定でいっぱいにするためにはどうしたらいいか？〟

手帳の真っ白なページを目の前に、想像してみてください。

妄想でもかまいません。

あなたの好きなように、あなたの思うがままに、自由にイメージするのです。

それを考えている時間が長い人ほど、幸運はやってきます。幸せになる可能性は高まります。

そして、それを考えている時間自体も、あなたにとって、幸せな時間、大好きな時間になるのです。

手帳には魔力がある。
つらかった過去を、
大好きな未来に変えるために、
どうすればいいか？
その質問を投げかけると、
答えが降りてくる。

大好きなことにはスゴイ力がある

「過去を後悔すること」に時間を使っているよりも、「未来を良くする」ために時間を使っているほうがうまくいきます。

それは、誰もが経験していることです。

たとえば、私たちは生まれたとき、歩くことができません。

何度も立とうとして、何度も転びます。そして、何度も泣きます。立てるようになったら、歩こうとします。そして、また何度も転びます。そして、また何度も泣いて、また挑戦する。そうやって、ようやく歩けるようになるのです。

そのときに、転んだことを後悔して、歩くのをあきらめる赤ん坊はいないはずです。

泣いたあとは、微妙に歩き方を変えたりしながら、また歩くための時間を使い続けます。

人生も同じです。

今日、いつもと違う行動をしたら、明日は確実に変わります。

学ぶだけで人生が良くなることは100%ありません。大事なのは、その**学びを行動に変えること**です。

だけど、その行動の変え方は人によって異なります。人はそれぞれ生きている環境も、考え方も、望みもバラバラだからです。

だから、**大事なのは「自分が大好きな行動」をみつけることです。**

「あなたの理想のライフスタイルに近づく行動」「あなたの幸せにつながる行動」をみつけることなのです。

大好きなことがみつかれば、どんな経験もどんな学びも、すべてを幸せに変えていくことができます。

想像してみてください。

あなたは、お気に入りのカフェのゆったりしたソファで、香りの良いコーヒーを片手に、お気に入りの手帳を前に考えています。

将来の夢である、お店をオープンする計画です。

〝お店の場所はどこがいいかな？　やっぱりオシャレな人が集まる青山がいいかな。インテリアはどうしようかな。内装にはこだわりたいな。とくに照明は大事だよね。お客様もスタッフもリラックスできる最高の空間にしたいし……〟

あなたは手帳と対話している途中から、いてもたってもいられなくなって、スマホで物件探しを始めるに違いありません。インテリアショップのページもチェックするでしょう。考えているだけではなく、行動したくなるはずです。

そう、人は、自分の大好きなことであれば、ウズウズしてたまらなくなります。

自分の大好きなことには、それほどすごい力があるのです。

ですので、あなたはあなた自身のことをしっかりと理解する必要があります。

自分の大好きなことが何なのかを知ることが必要なのです。

そのとき、手帳がすごい力を発揮してくれます。

手帳の魔力を思う存分に利用することで、あなたはあなたの大好きなことがわかるようになるのです。

手帳はあなた以上にあなたを知っている

あなたの毎日を、「大好きなこと」でいっぱいにするためには、「あなたが大好きなこと」が何かをわかっていないと、大好きなことでいっぱいにはなりません。


「大好きなこと」は人それぞれ違います。

以前に、年収1億円を超えていても、不幸だと嘆く人に出逢ったことがあります。

その人はこんなことを言っていました。

「お金があれば幸せになれると思っていたのに、幸せじゃない」

その人は、大好きなお金を年収1億円を超えるまで増やしました。しかし、年収1億円を超えても幸せを感じることができませんでした。

そのときに初めて、大好きなのはお金ではなかったことに気がついたのです。


「自分は何に幸せを感じるのか？」

「自分は何が大好きなのか？」

「自分の理想のライフスタイルはどういうものなのか？」


それが心からわかっている人は多くありません。

多くの人は、今目の前にあることに必死になって、喜びも苦しみも忘れてしまいます。そして、「幸せに向かうためのヒント」を見逃してしまうのです。


じゃあ、どうすれば幸せになるヒントを見落とさないのか？

その答えは、手帳との対話でみつかっていきます。

手帳と対話することで、「自分の大好きなこと」「自分の幸せ」「自分の理想のライフスタイル」「そのために何をすればいいのか？」がみつかっていくのです。

なぜなら、手帳は、「あなた以上にあなたを知る存在」だからです。

「本当に好きなのかな？」

「どっちを選んだほうが、幸せになれるかな？」

「理想のライフスタイルに近づく行動はどれかな？」

日々訪れる人生のさまざまな選択で、**手帳はあなたに幸せになるための答えを教えてくれます。**

そして、一歩一歩、確実に幸せを引き寄せることができるのです。

迷ったとき、混乱したとき、挑戦するとき、落ち込んだとき、あなた以上にあなたを知っている手帳が、正しい「幸せへの選択」を教えてくれるようになるのです。

手帳はあなた以上に
あなたを知っている。
大好きなこと、
幸せなこと、
理想のライフスタイル、
すべて手帳が教えてくれる。

24時間365日いつも一緒にいる自分を大好きになる秘策

「自分の好きなところと嫌いなところを教えてください」

こんな質問をすると、多くの人が「自分の好きなところ」よりも「自分の嫌いなところ」のほうがあっさり出てきます。

「小心者で、人と会話するのも苦手で……」

「人に気を遣いすぎて、いつも疲れていて……」

「ネガティブで、すぐ落ち込んで……」

「人にイライラして、短気で……」

それだけ普段から、「自分の嫌いなところ」を思わずみつけてしまい、悩まれていることを感じます。

でもよく考えてみてください。

一番自分と長く付き合っていく人は誰でしょうか？

そう、自分自身です。

もし、自分のことが大嫌いだったら、24時間365日×生きる年数、大嫌いな人（自分自身）と一緒にい続けなければいけません。

そんなのつらいですよね。

小心者で、人と会話するのも苦手な自分にイライラする。人に気を遣いすぎて、いつも疲れる自分にもっと疲れる。ネガティブで、すぐ落ち込む自分にさらに落ち込む。人にイライラして短気な自分に、イライラする。

そんな毎日がずっと続いてしまいます。

想像するだけでもイヤになってしまいます。

では、どうすればいいのでしょう？

どうやったら自分を好きになれるのでしょうか？

手帳はあなたの最高のパートナーになる

自分を好きになるためには、「自分の嫌いなところ」を変えていったり、嫌いなところが見えなくなるくらい「自分の大好きなところ」をつくったりすることです。

そして、あなたがあなた自身を大好きになるために、手帳は最高のパートナーになるのです。

その最高のパートナーである手帳が、

「こうすれば、もっとあなたはあなたを好きになれるよ」

「こっちを選べば、あなたはあなたを愛せるようになれるよ」

と教えてくれるようになります。

自分のことが嫌いな人は、不幸だと感じる時間が多い人がほとんどです。自分のことが嫌いというよりも、「自分を不幸にする自分」のことが嫌いなのです。

反対に、自分のことが大好きな人は「自分を幸せにする自分」だから、大好きでいられるのです。


だったら、**自分を好きになるためにやることは簡単です。手帳に自分が「幸せを感じた時間」と、「それをどうやってつくったか？」を書き記すのです。**

そして、その幸せな時間を何度もつくっていけば良いのです。


そういうと、「たまたま幸運だっただけ」と思うかもしれません。でも、そのすべてはあなたの行動が生み出しています。

人からしてもらったことでも、あなたがその人となぜ出逢ったのか？　なぜあなたにしてあげたいと思ったのか？

そこには、必ずあなたの行動が存在しています。

ですので、その「幸運をつくった行動」を、手帳を見ながら思い出してください。

そうやって、幸運のレシピを増やし続けていくのです。


そうやって、**自分のことが大好きになれば、24時間365日×生きる年数ずっと、大好きな自分と一緒にいることができるのです。**


自分のことを大好きになれば、幸せに一気に近づくことができます。幸運を引き寄せることができるのです。

自分のことが大好きになれば、誰かに嫌われても、挑戦がうまくいかなくても、「どうせ私は愛される」「結局、最後はうまくいく」自然とそう思えるようになるのです。

そういう人には、つぎつぎと幸運のチャンスが舞い込んできます。


ズルいほど幸せな人は、自分のことが大好きな人ばかりです。

なぜなら、自分のことを大好きになると、うまくいかないときに「絶対におかしい」と思えるようになるからです。

自分のことが嫌いな人は「自分なんて、やっぱりうまくいかない」と思って、すぐにあきらめてしまいます。「うまくいかなくて当たり前」だと感じてしまっているのです。

一方で、**自分のことが大好きな人は、「こんな自分がうまくいかないはずがない」と思えます。だから、考えて、行動して、「当たり前」の感覚で幸せを引き寄せることができるようになるのです。**

好きなだけの収入が手に入る禁断の儀式

あなたは、どれだけの収入があれば幸せですか？

ここで、好きなだけの収入が手に入る〝禁断の儀式〟をお教えしましょう。

とてもシンプルですが、強力な方法です。

そう、あなたが欲しい収入を、月単位でも良いので、手帳にゆっくりと書き出しながら、具体的に考えてみることです。あなたが理想のライフスタイルを送るためにどれだけの収入が必要か。書き出すのです。

遠慮してはいけません。あなたの思うがままに、ワクワクするだけの収入を妄想し、書き出してみてください。

〝どんな街の、どんな家に住みたいのか？〟
〝そこで、どんな朝食、昼食、夕食を食べたいか？〟
〝心を幸せにするために、何をしたいか？〟
〝休日は、どんな場所で、何をして過ごしたいか？〟

それを一つひとつ書き出してみて、1カ月でどれくらいお金が必要か？

ぜひ、一度書いてみてください。

「私は幸せ」だと心から言える人たちは、自分の理想のライフスタイルも、自分の楽しませ方もしっかりと把握しています。

そうしているからこそ、その大好きな時間をいつも笑顔でイメージしながら、そのための行動をとることができています。

一方で、お金と向き合うことを避けている人は、たくさんいます。

どこかで、「手に入らないかもしれない」という気持ちがあるのでしょう。手に入らないものを考えるのは、誰だって空しくなってしまいます。だから、無意識に考えないようにしてしまっているのです。

「お金がもっとあれば……」そう感じたことが一度もないという人はいないでしょう。だけど、よっぽどの信頼関係がないかぎり、お金の悩みを誰かに相談することはできないものです。

「どれだけの給料をもらっているか？」「どれだけの貯金があるか？」が、イコール

「自分の価値」として見られると思っている人がほとんどだからです。

手帳の魔力がお金も引き寄せる

かつて、私の月収は16万円でした。年収にしたら平均年収の４４０万円の半分にも満たない１９２万円です。

それが今では、講師の年収だけで２０００万円を超えています。

それは「手帳と向き合うようになった」からです。

「どうすれば、大好きなことをしながら、欲しい収入を手に入れることができるのか？」

いつもいつも、手帳と対話し続けてきたからです。

私だけではありません。私のまわりにいる、ズルいほど幸せな人たちも、自分の大好きな仕事を楽しみながら、望んだ収入を手に入れている人ばかりです。


それは、まぎれもなく、手帳の魔力といっても過言ではないのです。


「私は学歴が足りない」「職歴が足りない」「経験が……」「スキルが……」という方もいらっしゃるかもしれません。

だけど、ズルいほど幸せな人は、そんなことを気にしていません。

理想のライフスタイルを送るのに、学歴や職歴は関係ないのです。

今のあなたの収入がいくらであっても、関係ありません。どんな職歴であっても、関係ありません。

どれだけ自分をダメな人間だと感じていても、関係ありません。

あなたには、**大好きな未来しか残されていない**のです。

そして、あなたが望む大好きな未来は、「どうすれば、大好きなことをしながら、欲しい収入を手に入れることができるのか?」を考え、行動すればするほど、近づいてきます。

あなたが、これからつくりあげる手帳によって実現することができるのです。

仕事がうまくいくヒントも手帳が教えてくれた

「ズルいほど幸せな人は、楽しみながら結果を出している」

ズルいほど幸せな人たちに会えば会うほど、それは確信に変わっていきました。

私が、「大変ですよね?」と聞いても、「え? 楽しいですよ」と不思議そうな顔で答えられたことが何度もありました。

ズルいほど幸せな人たちは、自分の心の声をちゃんと聞いて、「楽しい」を選択することが習慣になっているのです。

私自身も、「楽しいを選択する」素晴らしさを身をもって経験することができました。

私は大学卒業後1年足らずで起業しました。

大学を卒業してから、1年足らずで起業できたのは、全部手帳と自分と向き合ってきたからです。

「自分は何を望んでいるのか？」

「どういう生活をしたいのか？」

「どういう人生を送りたいのか？」

手帳との対話でみつけ、行動してきたからです。

だけど、まだその頃は、手帳との向き合い方が中途半端でした。

自分の幸せが何かはわかったつもりでいましたが、具体的には理解できていなかったのです。

そのせいで、起業してからは人生最大の苦労をすることになりました。

一番の苦労は、集客でした。

貯金20万円で、宣伝広告費にかけるお金もなし。わずか1年足らずの社会人生活で人脈はゼロ。もちろん、起業したばかりで実績もありません。

そんな私のお客さんになってくれる人は誰一人いませんでした。


「とにかくたくさんの人に会わないと！」

そう思った私は、さまざまな交流会に出かけました。

そして、結果的に３００人の人と出逢い、たくさんの話をしました。しかし、結局一人もお客さんにはならなかったのです。

あと、３カ月この状態が続いたら、会社がつぶれる状態でした。それどころか、心も体も壊れてしまう限界まで追い込まれていました。

そんなときに、私はまた手帳の魔力に助けられました。

「何が嫌なのか？」

「どの瞬間が嫌なのか？」

「本当はどうなれば良いのか？」

それを手帳に尋ね続けました。

その結果、**自ら苦痛な時間をつくり続けていたことを手帳が教えてくれました。**

お客さんに、ろくに価値を伝えることもせず、「安さ」を売りにして伝え続ける。

そして、安さを求めている顧客を集客して、不幸を嘆く。

自分で自分を苦しめるパターンをとり続けていたことに気がつきました。

それを手帳に教えてもらってから、自分から売り込む営業をいっさいやめました。

そして、ブログやホームページで「売ってください」とお客さんのほうから言われるような伝え方をするほうが、結果が出ること、そして、何より楽しく行動を続けられることに気がつきました。

それから、2カ月後に初めてブログからお客さんを獲得できました。定価で購入してくれて、私を信頼してくれるお客さんでした。それから今までの7年間以上、9割以上ブログとホームページだけで集客できています。

そして、残りの1割は、時々楽しみに出かける交流会での会話による集客です。300人の人と名刺交換しても、1件もとれなかった仕事が、今では一度の交流会に出かけると100％一人以上が必ず集客できています。

そして、その後、講師を始めた私の講座には、今まで約3000人の経営者の方たちが、貴重な時間とお金を使って参加してくれました。

ほんの数年前、300人相手に一生懸命に伝え、相手にしてもらえなかった人間。ただの一人すら集客できなかった人間。そんな人間が、3000人の経営者に「集客」について伝えているのです。

それも**すべて、手帳が私を幸せにする行動を教えてくれたおかげです。**

「やらなきゃ」でいっぱいにしてるから、
毎日がしんどくなる。
「やりたい」でいっぱいになったら、
毎日が楽しくなる。
「やりたい」を選べる自分になれば、
グングン幸せに近づいていく。

大好きな友人だけに囲まれる生活は手帳で手に入る

あなたの大好きな友人を思い浮かべてみてください。
今まで、その人とどんな時間を過ごしたか？
ゆっくりと時間をかけて、思い出してみてください。

一緒に何をしたか？
どんな話をしたか？
何で笑ったか？
何に感謝したか？

きっとたくさんの大好きな時間が思い返されると思います。


大好きな友人の存在は、自分の人生を豊かにしてくれます。

その人と一緒にいる時間だけじゃなく、その人のことをふと思い浮かべる時間や、その人と会える日を楽しみに待つ時間も、幸せに溢れていきます。

だから、あなたにとって、そんな大切な人を一人でも増やしてほしいのです。

ズルいほど幸せな人も、大好きな友人に囲まれている人ばかりです。大好きな友人と会う予定で手帳がいっぱいです。


私はさまざまな講座を開催していますが、すべてが「楽しく働き続けるため」につながっていきます。

そのため、いつもいろんなことを調べる習慣がついています。

昔、いつものようにいろんなアンケートを見ているときに、〝「仕事にやりがいはあるけど、職場の人間関係は悪い人」は、100％「仕事をやめたい」と答える〟、〝「仕事にやりがいはないけど、職場の人間関係は良い人」は、100%「仕事を続けたい」と答える〟というアンケートの結果を見て、驚いたことがあります。

その当時は、「やりがいのある仕事こそが楽しい仕事」だと思っていたので、そのアンケート結果を信じられませんでした。だけど、たくさんの人たちと出逢った今、あのアンケート結果は正しかったと感じています。


私のお客さんのなかにも、「仕事自体は楽しいのですが、会社が嫌なので仕事辞めたいです」という方がいらっしゃいました。

私は、その方にも手帳の活用方法をお伝えしました。

・会社でストレスになった出来事、イラっとした出来事、嫌になる出来事を手帳に書くこと
・それから、その出来事が「本当はどうなったら良かったか?」を考えること
・そこから、「それを実現するための行動」を導き出す

という方法です（第3章参照）。

それから、半年後またその方とお会いする機会がありました。私はその方が会社を辞めていないことを願っていました。だけど、その方は会社を辞めていました。そして、そのときにその方が言ってくれた言葉を私は今でも覚えています。

「結局、会社は辞めてしまいましたが、人間関係で辞めたわけじゃないのです。春明さんに教えてもらった通りに手帳と向き合いはじめてから、上司とも部下とも仲良くなれました。『応援するよ』と言ってもらえましたし、会社を辞めた今でも付き合っています。だから、会社を辞めることができたんです。もし、仲が悪いままだったら、どうせ次の会社にも嫌な奴がいると思って、転職できなかったと思います」

より詳しく話を聞くと、その方は**手帳と向き合ったことが、相手と向き合うことにつながった**ようでした。

相手の立場から自分を見たときに、「伝えるべきこと」を全く伝えていなかったことに気づくことができたようです。

「転職したら、仕事が楽しくなった」という人もたくさんいます。

だけど、いくら転職しても「ろくな人がいない」「会社に恵まれない」という人も同じくらいたくさんいます。その人たちは、その経験を繰り返すたびに「人間不信」に陥り続けてしまいます。

「この人は、どうやっても理解できない」「この人とは、どうやっても仲良くなれない」そう言ってあきらめる人がいますが、「どうやっても」と言えるほどのことはできていない場合がほとんどです。

現に、私のお客さんの場合は、「接し方を少し変えただけで、劇的に関係が変わった！」と言います。

「仕事のやりがいはないけど、職場の人間関係は良い」という人は、100％「仕事を続けたい」と答えます。

このお客さんは、手帳によって「本当の人間関係は、仕事を辞めても、何があっても崩れないもの」だと気づくことができました。

良い人間関係も、悪い人間関係も自分がつくっていくものです。

手帳を活用することで、「私は良い出逢いをつくれる」と胸を張って言えるようになっていきます。

良い出逢いをつくるたびに、大好きな人が一人増えます。そうなると、大好きな時間も、またひとつ増えていきます。あなたの毎日が、大好きな人との時間だけで埋め尽くされるのです。

手帳との対話でパートナーとの関係も劇的に改善する

長く連れ添った恋人や夫婦に、パートナーとの関係を聞くときに、どんな答えが一番多いと思いますか?

おそらく「空気のようなもの」という答えを想像する人が多いと思います。空気がないと生きていけない。だけど、普段から空気の存在を意識している人にも、空気に感謝している人にも出逢ったことがありません。

パートナーとの関係も、時間が経てば経つほど、空気と同じように、あるのが当たり前の感覚になってしまう。そういう人がたくさんいます。

だけど、空気が汚れていたら、体も心も汚れていってしまいます。反対に、美しい高原や、湖のほとりの澄んだ空気のなかにいると、体も心も元気になっていきます。

そんなパートナーとの関係を築いてほしいのです。


私のお客さんは、ほとんどが女性です。

そのなかの一人の女性は、自宅の一室を使ってエステサロンを開業しました。

だけど、ご主人からはずっと反対されていました。「お前に、できるわけがない」「お前は、起業なんて向いてない」とずっと言われ続けていたそうです。

「夫に見せつけてやる！」そう思った彼女は、「売り上げを上げる」という結果を出そうと必死でがんばりました。そして、見事に売り上げは上がっていきました。

だけど、ご主人はそれでも「この先も、その結果が続くわけがない」「安定した仕事に就いたほうが良い」と、なんだかんだ理由をつけて反対し続けました。

どうして良いかわからなくなった彼女は、ご主人との関係を良くするために手帳と対話しました。

そうすると、今まで気づかなかったことが見えてきたのです。

それは、「自分が夫に一度も感謝の気持ちを伝えたことがない」ということでした。自分を守ることに必死になって、いつしかご主人を敵視していたのです。そして、「夫の立場」に立ったことが一度もなかったことに気がついたのです。

そのことに気づいた彼女は、ご主人に感謝の気持ちを伝えるようにしました。いつも、「ありがとう」を言い続けるようにしたのです。

すると、ご主人からも感謝の言葉が返ってくるようになりました。仕事についても興味、関心を持ってくれるようになりました。そして、今では、誰よりも彼女の起業を応援してくれるようになっています。

たったひとつの「ありがとう」という言葉。必死で行動していくなかで、見落としてしまった「感謝」の気持ち。それに気づくだけで、毎日も未来も大きく変わっていきます。

いつも自然に幸せがこみ上げてくる空気に包まれている。そんな状態をつくるほうが、さらなる幸せは手に入りやすくなります。

手帳によって、気づきはたくさんあります。そして、それがほんの少しの気づきだったとしても、人生を大きく変えていくのです。

あなたの理想のライフスタイルは手帳が叶えてくれる

想像してみてください。

今、あなたの目の前に、10年後のあなたが立っています。

そして、その10年後の自分から、「あなたは、もうすぐ想像もつかないくらい幸せになるよ」と笑顔で言われています。

そのとき、あなたは、どんな気持ちになりますか？

きっと、今がどんな状況であっても、「希望」でいっぱいになると思います。

「よし！　がんばろう！」と前向きになれると思います。

「挑戦しているときの苦しみなんて苦しみのうちに入らない。本当の苦しみは未来をあきらめたときから始まっていく」

私は、いつもそう思っています。

私のお客さんのなかには、見「それ最悪ですね」と言われるような状況の人がたくさんいました。

パートナーが突然、浮気相手といなくなる。友人に貯金をすべて盗まれる。友人から理不尽なことで訴えられる……他にもたくさんの悪い状況をお聞きしてきました。

もちろん、その人たちは動揺もされていますし、落ち込んでいます。

だけどそれでも、**ズルいほど幸せになる人たちは、未来に希望を持ち、次の行動を**

決め、幸せを掴んでいきます。

そして、そのおかげでますます「希望を抱くこと」がどれだけ大事なのか理解させていただきました。

昔、私にも未来をあきらめかけた時期がありました。

自分を安売りして、お客さんとの信頼関係も築けず、毎日に疲弊していたときです。その時期は、毎日ストレスで腹痛に苦しんでいました。夜も腹痛のせいで寝つけずにいました。

それは、「今がつらいから」という理由ではなく、「これからもきっとつらい日々が続いてしまう」という気持ちから来るものでした。

その証拠に、その後ブログでの集客を考えついたときから、希望を持てたときから、その腹痛は嘘のようになくなりました。そのときは、まだ集客ができていなかったのにも関わらずです。

本当の苦しみは未来をあきらめたときから始まっていきます。そして、その苦しみは、未来を信じられるようになった瞬間に終わるのです。

「もっともっと自分のことが好きになり続ける自信」。それを持てるからこそ、動き始めることができます。

そして、**過去より今のほうが良くなっている実感を持てたら、さらに動きたくなります。**

そのために手帳と対話し、手帳の魔力を活用することが重要なのです。

良くなる方法を試して、失敗と成功を未来に役立てていくことができれば、明日は必ず良くなり続けます。

あなたも、ズルいほど幸せな人になることができます。

手帳のスケジュールが大好きな予定でいっぱいになり、まわりがうらやむほど、幸運を引き寄せることができるようになるのです。

第2章

お気に入りの手帳があなたを世界一ワクワクさせる

毎日が大好きな時間でいっぱいになる手帳の使い方

あなたが予定している「楽しい時間」を想像してみてください。

趣味の時間でも、友達との時間でも、ご飯の時間でも、出逢いの時間でもなんでも構いません。


そのときに、どんな気持ちになりますか？

きっとワクワクする気持ちになると思います。

じゃあ、もっとその予定を楽しくするための方法を考えてみてください。

「これを持っていこう」「あれもやってみよう」きっといろんなアイデアが湧いてくると思います。そして、ワクワクはますます増えていきます。

手帳ともそうやって向き合ってほしいのです。ワクワクしながら考えるときほど、アイデアは湧き出てくるものです。

あなたは手帳をどのように使っていますか？

「忘れないために使っている」
「日記をつけている」
「メモ帳として使っている」
「名言をメモしている」
「おいしいお店をメモしている」

など、答えはさまざまだと思います。

なかでも一番多いのは、「忘れないために使っている」という答えでしょう。

私も、以前は、「予定を忘れないために」手帳を使っていました。

〝○月○日　○時　○○さんと打ち合わせ〟
〝○月○日　○時　○○さんに電話〟
〝○月○日　○時　○○さんとご飯〟

というように、予定が埋め尽くされた手帳でした。

とにかく忘れないように、予定が決まったらすぐに書き込んで、毎日確認していました。

約束を忘れて、まわりに迷惑をかけたり、関係が悪くなったりすることが嫌だったので、とにかく毎日手帳を見ていました。

そうこうしているうちに、手帳は私にとって「嫌なもの」になりました。

当時の私は、手帳を義務感で使っていました。

だから、スケジュール帳に書かれている相手の名前は、会いたい人ではなく、〝会わなければいけない人〟でした。

その「会わなければいけない人たち」に、迷惑をかけないために見なければ「いけない」もの。関係を悪くしないために見なければ「いけない」もの。

それが手帳でした。

いつしかその義務感から、手帳を見るたびにため息をついている自分がいました。

手帳が〝見なくてはいけないもの〟から、〝見るとワクワクするもの〟に変わったのは、手帳を「忘れないために」使わなくなってからです。

忘れてはいけない、迷惑をかけてはいけない、やらなきゃいけない、といった義務感ではなく、「手に入れたい未来」と「やりたくて仕方がないこと」「大好きなこと」のために手帳と向き合うようになってからです。

「忘れないため」の手帳じゃなく
「間違えないため」の手帳じゃなく
「ワクワクするため」の手帳にする。
ワクワクするから、ひらめいて、
ワクワクするから、やりたくなる。
やればやるほど、幸せに近づく。

旅行の計画を妄想するように手帳を書く

ウズウズしながら、手帳と向き合うこと。

それは例えるなら、**心から楽しみにしている「旅行の計画」**のようです。

旅行の計画は次の3つのステップで立てます。

①行きたい場所を探す

当たり前ですが、旅行に行こうと思ったときは、「行きたい場所」に行こうとします。

わざわざ、「行きたくない場所」に行く人はいません。行きたい場所はどうやって決めるか？　それは、自分の過去の経験から決めていきます。

「海に行ったけど、人で溢れかえっていて、ストレスしかなかった」という人は、わざわざ人が多い海を選びません。

「登山したら足を痛めて、しばらく仕事にならなかった」という人も、ハードな登山を選びません。反対に、その経験をしたからこそ、より楽しい場所を選択できるようになります。

人が多いことにストレスを感じるなら、人が少ない場所を選びます。そこで、まわりを気にせずに、自分の心に正直になって、思いっきり羽を伸ばします。

ハードに動いて足を痛めたのなら、体を酷使せずに、のんびり、ゆっくり休める場所を探します。

②行きたくて仕方ない目的地を決める

旅行で行きたい場所はたくさんあります。

穴場の温泉旅行、離島、リゾート地、国内にも、アジアにもヨーロッパにもたくさんあります。いくつも行きたい場所がある場合は、どこに行くかを決めるために、リサーチします。

旅行好きな友達に聞く場合もあれば、雑誌やインターネットで調べることもあります。さらに、それぞれの場所で「何をするか？」で考える場合も多くあります。ワクワクをいっぱいにしながら、**「こういうふうに過ごしたい」「あれもやってみたい」「あれも買ってみたい」**そうやって、目的地を決めていきます。

③目的地に向かう

目的地を決めたら、あとは向かうだけです。交通手段を選び、目的地に向かいます。その手段も飛行機、電車、車、船、自転車、徒歩とたくさんの選択肢があります。そのなかでもさらに細かい選択肢が出てきます。飛行機だったら、エコノミークラスもあれば、ビジネスクラス、ファーストクラスもあります。電車でも、新幹線もあれば、寝台列車もあります。車もレンタカーもあれば、軽自動車もあれば、キャンピングカーもあります。そこから、**自分が最も ワクワクする手段を選び、目的地に向かいます。**

ファーストクラスで、料理やお酒をたくさん堪能しながら、「もっと長く乗っていたかった」と思えるほどの幸せを感じることもできます。心地良い車に乗って、大声で大好きな歌を歌いながら、目的地に向かうのも自由です。

人生は旅のようなものです。

人生が旅だとしたら、手帳はその旅の計画になります。

手帳を大好きな時間でいっぱいにするためにやっていただくことも、旅行の計画と全く同じです。

①自分の「本当の幸せ」を手帳との対話でみつける

旅行で「行きたい場所を探す」のと同じように、人生においても自分の幸せのために、たどり着きたい幸せな未来を把握することが必要です。

それは、人から押し付けられたり、一時的な感情で把握できたりするものではありません。

「これが私の幸せだ！」と思ったものでも、手に入れたら「何か違う……」というケースが頻繁に起こります。

だから、しっかりと**行動と感情をセットにして把握する必要があります。**

「これをやっているときが至福のときだな」「これが私の喜ばせ方だな」と自分の喜びや欲求と向き合い、ストレスからも貪欲に幸せを導き出し、自分の「本当の幸せ」をしっかりと理解する必要があります。

②毎日がウズウズしてたまらない「大好きな未来」を手帳から教えてもらう

「行きたくて仕方ない目的地を決める」ことで、旅行はより楽しみなものになります。そして、どうしてもそこに行きたくなります。「あの場所に行ったら、これができる。あれができる。こんな時間が過ごせる。こんな気持ちが味わえる」その気持ちが高まれば高まるほど、準備する時間も楽しくなります。


人生も同じです。

「あんな未来を手に入れることができたら、これができる。あれができる。こんな時間が過ごせる。こんな気持ちが味わえる」

その気持ちが高まれば高まるほど、そこに向かうことが、楽しくて仕方なくなります。

そのためには、そのワクワクをずっと忘れずに、常にイメージして、ワクワクしながら行動できるように、手帳に記しておくことが大事です。

手帳によって、具体的に「手に入れたいもの」「なりたい姿」「過ごしたい時間」を明確にしていくことが必要です。

③「やりたくて仕方ない行動」を手帳と一緒につくっていく

旅行の行程のなかで、「目的地に向かう」ことを面倒くさがる人も少なくありません。

たとえば、「電車が嫌い」という人はたくさんいます。

だけど、その人たちによくよく話を聞いてみると電車が嫌いというイメージは、「通勤の際の満員電車が嫌い」という人がほとんどなのです。

その人たちに、「じゃあ、個室付きの電車だったらどうですか？」と聞くと、嫌いどころか「それだったら、最高ですね！」と答える人がほとんどです。

「飛行機が嫌い」という人も、「あの窮屈な座席がつらい」という人がほとんどです。

そういう人には、「ビジネスクラスとかファーストクラスだったら、どうですか？」と聞くと、「それだったら行きたいです！」と答えます。


人生も同じです。

「幸せに向かうためには、つらいこともたくさんある」という人もいます。

だけど、ズルいほど幸せな人たちは、それ以上に楽しいことを経験している場合がほとんどです。

だから、行動を続けられるのです。さらに、**なかには「楽しいことしかやっていない」という人たちもたくさんいます。**


幸せに向かうために、我慢する必要はありません。

楽しく進み続けるほうが、早く幸せにたどりつくことができます。


この３つのことを、手帳と一緒に適切に続けるだけなのです。

手帳は人生そのものです。

ノートにも、メモ帳にもなくて、手帳にあるものは「時間」という概念です。

手帳には、「過去」「現在」「未来」が存在しています。

「自分の本当の幸せ」も「大好きな未来」も「やりたくて仕方ない行動」も、一瞬で決めることはできません。

人は感情に振り回される生き物です。人は忘れる生き物です。だからこそ、そのときの自分だけでは適切な判断も、適切な行動もなかなかできません。


だから、手帳と対話してほしいのです。


手帳には、「過去の自分」と「現在の自分」と「未来の自分」が存在しています。

手帳と対話することは、それらの自分と再会し、語り合うことなのです。


「自分が何を大事にしていて、自分が何に喜びを感じ、どうなったら幸せなのか？」

その答えを、大切な経験をしている自分、がんばっている自分、幸せな自分、夢を叶えた自分と一緒に、みつけ出していくことなのです。

手帳は、あなたの「人生の旅」をより幸せに溢れたものにしてくれます。

今がどんなに幸せじゃなかったとしても、大丈夫。

それは、今まで自分のことを理解する方法がわからなかっただけなのです。

手帳との対話を通じて、自分を理解することができれば、あなたはズルいほど幸運を引き寄せることができるのです。


感情に振り回されてしまう。自分の幸せを忘れてしまう。

そうではなく、手帳を開いて、常に自分が幸せになる方法を、過去の自分、未来の自分から教えてもらってください。


心から楽しみにしている「旅行の計画」のように、手帳と対話することで、「未来」も「その未来に向かう現在」も幸せに溢れたものになっていきます。

自分の人生を覚えていれば、
幸せへのヒントが見えてくる。
だけど、人は忘れてしまう生き物。
自分の人生を覚えていなくても、
手帳に書いていれば、
いつでも、答えが降りてくる。

一緒にいるのが心地良い手帳を選ぶ

手帳を選ぶ上で、最も大切にしていただきたいのは「一緒にいたい存在」かどうかです。

「この人と一緒にいたい」と同じように、「この手帳と一緒にいたい」と思える手帳。「この人のことだんだん好きになるなぁ」と同じように「この手帳、だんだん好きになるなぁ」と感じる手帳を選んでください。

「○○さんが使っている手帳」「人気ナンバー1手帳」というだけでは、あなたとその手帳の相性が合うかどうかはわかりません。

たとえば、「情熱的な人って一緒にいて楽しい！」という人には、美崎栄一郎さんの『美崎栄一郎の「結果を出す人」のビジネス手帳』や石田淳さん監修の（株）ウィルPMインターナショナルの『ビジネス手帳』などを使っている人が多いようです。

年間、月間、週間の目標設定がしやすく、さらに石田淳さん監修の『ビジネス手帳』には、特別付録として〝目標達成力がアップする「行動契約書」〟まで付いてきます。

「聞き上手な人と一緒にいたい！」という人は、糸井重里さんが発行している『ほぼ日手帳』が適しているかもしれません。たくさん聞いてもらいたい人は、たくさん伝えたい人です。

そういう人たちのなかには、伝えながら自分の頭をまとめていく人が多くいらっしゃいます。1日1ページのスペースが与えられている「ほぼ日手帳」は、思う存分貴重な毎日を手帳に伝えることができます。

「名言を伝えてくれるなんて最高！　一緒にいたら毎日やる気が出そう！」という人には、そのまま名言が掲載されている手帳をお勧めしています。

たとえば、世界中でベストセラーになった『7つの習慣』の手帳もあります。

カリスマメンタルコーチのワタナベ薫さんの『思い通りの人生になる未来手帳』にも名言が書かれています。

両方の手帳には、名言だけでなくその教えを日々に活用するためのワークやシートまでが手帳に反映されています。

他にも、本当にたくさんの手帳があります。

外見を重要視する方は、デザインで選ぶのも良いと思います。

しかし、パートナーも外見は良いけど、性格が合わなければ、一緒にいたくありません。ですので、中身を重視し、手帳カバーにこだわったほうが良いかもしれません。

プライベートと仕事、両方をパートナーと共有したい方は、2つの予定を一冊で管理できるダブルスケジュールの手帳が良いかもしれません。昼夜問わず働いている人や、夜の仕事をしている人は、24時間表記のある手帳じゃないと困ります。

さらに、恋愛や結婚のパートナーの場合は一人に限られますが、それ以外の場面ではパートナーが異なる人がほとんどです。会社員であり、父である男性もいます。キャリアウーマンであり、母である女性もいます。

仕事のパートナーは、○○さん。家庭のパートナーは、妻や夫。それぞれ違うのは当たり前です。

また、スポーツや音楽や釣りなど趣味以上に没頭している人は、また別のパートナーがいる場合もあります。

それと同じように、**手帳も仕事の手帳、家庭用の手帳、それ以外に夢中になっていることの手帳など何冊あっても良いのです。**

他にも、パートナーを選ぶときに「仕事が同じ人が良い！」とか「趣味が同じ人が良い！」という人もたくさんいます。

たとえば、最近ではファイナンシャルプランナー用のFP手帳、自衛隊の情報がしっかり詰まっている自衛隊手帳、歴史好きの方たちのための歴史手帳などもあります。

このように、自分が一緒にいたいと思える手帳を選んでください。

手帳選びは恋愛や仲間と同じです。一人と合わなかったからといって、私は「人と合わない」と思うことは間違いです。

一つの手帳と合わなくても、他にも手帳は山のようにあります。

そして、恋愛や友達と同じように、手帳のこともさらに好きになっていけます。そして、もっともっと一緒にいたいと思えるようになるのです。

「できない」じゃなくて
「合わない」だけ。
友達選びも、恋人選びも、
手帳選びも同じ。
一緒にいたい手帳をみつけて、
もっともっと好きになっていこう。

手帳と向き合う時間を至福のときにするにはどうすればいいんだろう？

「早くやりたい！」と感じる至福の時間を思い浮かべてみてください。

「早く、あの本の続きを読みたい！」

「早く、あのドラマの続きが観たい！」

「早く、あの人と話したい！」

「早く、○○を食べたい！」

「早く、○○したい！」

そんなときは、いつもより足早にそれが実現できる場所へ向かうはずです。

私にとって、手帳と向き合う時間も、そんな至福の時間になっています。

「早く、手帳を開きたい！」「早く、手帳に書きたい！」「早く、手帳と向き合いたい！」

そうやって、ワクワクしながら手帳を開きます。

書きたかったことを書き、手帳と向き合い、「未来を良くする行動」をみつけます。

繰り返しになりますが、手帳は「未来を良くする行動」をみつけるためのものです。

ワクワクできるものなのです。

だから、手帳と向き合う場所も大事です。

心落ち着く環境で、ゆったりと手帳と向き合う習慣をつけてください。

あるときはカフェで、なみなみと注がれたコーヒーの香りを楽しみながら……。

あるときは自宅のベランダで、心地良い風に吹かれながら……。

あるときは公園で、子どもたちのはしゃぐ声を遠くに感じながら……。

ワクワクしながら、手帳と向き合う時間を「幸せな未来」につなげていってください。「やりたくて仕方がないこと」にしていってください。


次章からは、もっともっと手帳のことを愛せるようになって、一緒にいたいと思えるようになるために、手帳を「最高のパートナー」にする方法をお伝えしていきます。

好きなことも、嫌な場所で
やったら、好きじゃなくなる。
好きなことを、好きな場所で
やったら、もっと好きになる。
最高の場所で、最高の自分で、
最高の時間をつくっていく。

第3章

手帳の魔力で幸運のタネを増殖させる秘策

コレが幸運を引き寄せるタネに変わる

日々、手帳に、「心が動いた出来事」を書いていってください。

そこには、「幸せな出来事」もあれば、「ストレスな出来事」もあると思います。


あなたは「幸せな出来事」と聞くと心がワクワクするでしょう。

一方、「ストレス」という言葉を聞くとどんなイメージを持ちますか？

ストレスというと、悪いイメージを持たれるかもしれません。

しかし、**ズルいほど幸運を引き寄せる人は、ストレスを感じると、嬉しそうな表情になります。**

私のまわりにいるズルいほど幸せな人は、ストレスを幸せそうに話します。

過去のストレスを幸せそうに話す人もいますし、今現在起こっているストレスを幸せそうに話す人もいます。

そして、そういうズルいほど幸せな人たちは、さらに幸せになっていきます。

「幸せ過ぎてやばいです！」

「前言ってた夢が、達成しました！」

そうやって、ストレスを幸せに変えていくのです。

その人たちに共通しているのは、**ストレスを「ストレス」として見るのではなく、ストレスを「幸運を引き寄せるタネ」として見ていることです。**

そう、ストレスは**「良くなるためのサイン」**なのです。

ストレスを感じたあとに、それがなかなか抜けないのは、心が「この良くなるサインを忘れるなよ」と教えてくれているからです。

ということは、忘れないための行動をすれば、ストレスは安心してなくなっていってくれるということです。

私はストレスを感じると手帳に書きます。

私が使っている手帳は、スケジュール欄とは別に、1日1日の項目のスペースが十分にとられているもの。そのページに「ストレス」という文字を書いて、いつもストレスを書き出しています。

ストレスは、手帳に書き出すことで、あなたの心のなかから解放されます。

あなたがひとりで抱えていたストレスを、手帳も共有してくれるのです。


ストレスを抱えたとき、自分だけで悩み続けて、苦しみ続ける人がいます。

まわりを大事に考える優しい人ほど、そうなってしまいがちです。

だけど、そうなる前に、手帳にぜひストレスを書き出してみてください。

そして、ゆっくり手帳と対話してみてください。


手帳に書き出したストレスを、客観的に見てみると、そんなに苦しむことじゃない場合があります。

「ひどい言葉を言われた」と悩んでいた人が、手帳にその言葉を書き出してみると、意外とたいしたことがないことに気がつく。

「ひどい失敗をした」と悩んでいた人も、手帳にその出来事を書き出してみると、たいした失敗じゃないことに気がつく。

そんなことがよく起こります。

他人から見たら、たいしたことないと思えることでも、本人はたいしたことだと感じてしまう。それは、出来事よりもそのときの心理状態が影響してしまっているからです。だから、**手帳に書き出して、客観的になってほしいのです。**

そうすると、手帳は教えてくれます。

「そんなに苦しむことじゃないよ」と。

ワクワクを増やし続ける手帳のすごいパワー

世のなかにはいろいろな幸せの形があります。

「有名になりたい」「結婚したい」「格好良いと言われたい」「美しいと言われたい」「優しい人になりたい」「お金持ちになりたい」など、人それぞれ強く幸せだと感じるポイントは異なります。

もっと細かく言うと「お金持ちになりたい」という人でも、「貯金を増やしたい」という人もいますし、「夢のためにお金を手に入れたい」という人もいます。

それと同じように、**ストレスも一人ひとり違います。**

全く同じ出来事を経験したとしても、ある人にとっては大きなストレスになることが、別の人にとったら、全くストレスにならないこともあります。

たとえば、私と妻でも全くストレスを感じる場面が違うことがあります。

私は休日に、人が多いところに出かけることはストレスです。

だけど、妻にとってはストレスどころかワクワクです。

妻にとって、休日に家で映画でも観ながら、ゴロゴロしているのはストレスです。

だけど、私にとってはワクワクです。

人は誰一人として、全く同じ経験をして全く同じとらえ方をしてきた人はいません。

100人いれば、100通りの価値観、1000人いれば、1000通りの価値観があります。

しかし、自分の価値観を理解している人は多くいません。

「自分は何を大事にしているのか？」をしっかりと把握している人は、多くいないのです。

なぜなら、ストレスを、そのままストレスとしてとらえてしまっているからです。

そのせいで、同じ行動を繰り返して「大事にしたいこと」を大事にできない状態が続いていきます。そして、それがストレスになってしまいます。

「自分が何にストレスを感じるのか?」をしっかりと理解していれば、行動が変わっていきます。

ストレスを幸運のタネにすることができるのです。

そして、劇的にストレスを減らして、ワクワクを増やし続けることができるようになるのです。


そのために、ストレスを手帳に書くことです。

そして、そこから「幸運を引き寄せる行動」を導き出すのです。そうすると手帳は、あなたに適切な行動を教えてくれるようになります。

ストレスすら、ワクワクに変えてしまう。

手帳には、それほどまでにすごいパワーが秘められているのです。

ストレスは幸せのタネ。
放っておくのは、もったいない。
大事に手帳に書き留めよう。
じっとそのタネをみつめれば、
育て方がわかってくる。
ちゃんと育てれば、幸せの花が咲く。

ストレスを「幸運のタネ」に変える手帳の使い方

ストレスを「幸運のタネ」に変える手帳の使い方を、具体的に見ていきましょう。
まず、手帳に、「ストレス」という項目と「幸せ」という項目をつくります。
そこにそれぞれ日別で、ストレスを感じたこと、幸せを感じたことを書きます。
たとえば、「ストレス」という項目の場合、私の例で言うと、

〝ストレス：ランニングする時間がとれなかった〟
〝ストレス：集客ができていない〟

など、いろんなストレスが書かれていました。

そのなかでも9割以上を占めていたのが「人間関係のストレス」でした。

たとえば、

〝ストレス：営業先で、雑な扱いを受けた〟
〝ストレス：遅刻されたのに、道がわかりづらいと言われた〟
〝ストレス：「依頼します」と言われたのに、キャンセルされた〟

といったものでした。

要するに、お客さんとの関係において、「ストレスになる経験」が多すぎたのです。

そして、その経験を積み重ねていった結果、知らぬ間に心のなかに「お客さん＝自分を傷つける存在」という常識ができ上がってしまっていたのです。


ですから、私のストレスを幸運のタネに変えるためには、

〝お客さんから大事にされる存在になればいい〟

という答えにたどり着きました。

手帳にストレスを書き、手帳と対話したからこそ、気がつけたことでした。

ストレスを書き、対話することで、人生を変える気づきは必ずみつかります。「幸運のタネ」を手帳が教えてくれるのです。

たとえば、パートナーのことばかり手帳に書いている人は、パートナーと幸せに過ごせれば、人生が豊かになることに気がつくことができます。

子育てのことばかり手帳に書いている人は、自分にとって心地よい子育てをみつければ幸せに過ごせることに気がつきます。

そうやって、手帳と対話することができれば、自分のストレスの原因がみつかります。そして、そのために学んだり、行動を改善したり、やるべき行動も見えていくのです。

「幸運引き寄せ体質」に生まれ変わるシンプルで強力な習慣

「私、運が悪いんです」という人もいれば、「私、めちゃめちゃ運が良いんです」という人もいます。

「運が良い」という人は、それだけ幸せを感じることが多く、「運が悪い」という人は、それだけストレスを感じています。

これは言い換えると、幸運を引き寄せる体質か？　そうでないか？　の差になってきます。

要するに、**幸運を引き寄せる体質の人は、すべてのことを幸運につなげる習慣がついています。**

ストレスにつながる行動をやめて、「幸運を引き寄せる行動」をして、「私は運が良い」と感じているのです。

数年以上会ってない友人とのケンカ、以前勤めていた会社の上司との揉め事、もう関わることがないであろうお客さんとのトラブルなど、過去の出来事にストレスを感じている人はたくさんいます。

もう二度と会わないかもしれないのに、すでに終わったことなのに、ずっとストレスを感じてしまっている人がいます。

「もう、終わったことだよ」「いつまで引きずっているの？」

そう言われて、前を向こうとしているのに、また考えてしまう……。

そうなってしまう人の多くは、また同じような問題が起こってしまうかもしれないと感じている場合がほとんどです。

「また同じような人と出逢ってしまうかもしれない」「また、同じ苦しみを味わってしまうかもしれない」「このまま、ずっと同じような問題ばかり起こってしまうのではないか？」

ほとんどの人にとって、最も大きなストレスは、「過去の苦しみがこの先も、ずっと続いていく」と感じてしまっていることです。

ストレスには、原因があります。そして、その原因はすべて自分の行動が引き起こしています。

単純な話、**ストレスを「幸運を引き寄せる行動」に変えれば、ストレスは消えてなくなります。**

ストレスを減らし、手帳を大好きな時間でいっぱいにして、「幸運を引き寄せる行動」だけで人生を埋め尽くすようにしてください。

ストレスを感じたときは、
ラッキーだと笑えば良い。
そのストレスは、もう二度と
起きることはないから。
ストレスを手帳に記して、
そのストレスから幸せをつくるなら。

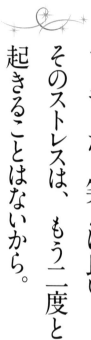

手帳から最高のアドバイスをもらう方法

「ずっと抱えていた悩みが、他人からのアドバイスで、すぐ解決した」

そんな経験をしたことがありますか？


私は年間で500人以上の方たちに対して、講座やスクールを行っています。

その経験のなかで気づいたことは、多くの人が、他人のことには的確なアドバイスができるのに、自分のことになったとたん、わからなくなる、ということです。


なぜ、自分よりも他人のほうが、的確なアドバイスができるのか？

それは、**他人は「客観的」に自分を見てくれる**からです。

手帳との対話も、全く同じです。

手帳は、あなたに幸せを引き寄せるための最高のアドバイスをしてくれます。

ただ、**手帳から最高のアドバイスをもらうには、タイミングがあります。**

それは、感情が高ぶって、主観的なときではありません。

気持ちが落ち着いて、客観的に「出来事」を見ることができるようになったときです。

「こないだ、大きな失敗をしたから」

「ついこないだ、大きな挫折をしてしまったから」

その「こないだ」は、「昔」の話だと思えるようになってから。

その「大きな」は主観だと思えるようになってからのことです。

「ストレスを感じた出来事」を「出来事」としてとらえられるようになったときです。

過去を振り返ってみてください。

「あのときは、大変だと思ってたけど、今考えれば、たいしたことなかった」ということはありませんか?

「仕事で取り返しがつかないミスをしたと思った」
「失恋して、この世の終わりだと思った」
「友達と喧嘩して、一生口も聞きたくないと思った」

そんな経験を思い出したかもしれません。

でも、少し時間が経つと、「それほどでもなかったな」「ちょっと大げさだったな」と思える経験です。

そんなふうに、**自分の気持ちが落ち込んでいるときではなく、自分の気持ちが穏やかなときに手帳に書かれている「ストレス」と向き合ってください。**

一度振り返るだけでは、なかなか客観的にはなれないかもしれません。そうしたら、また時間を空けて振り返ってみてください。

それを繰り返していくうちに、あなたはその出来事に慣れていきます。そして、その出来事を「幸せのための経験」としてとらえられるようになっていきます。

「あなたにストレスを与えた経験」それらは、あなたを不幸にする経験ではありません。それらは、すべてあなたを幸せに導いてくれる経験なのです。

あなたにストレスを与えた経験は、手帳の魔力で、大好きな時間でいっぱいの未来へと変わっていくのです。

この質問を手帳に投げかければ、幸せな未来が舞い込んでくる

「本当は、こんなはずじゃなかったんです」そう口にされる人は多くいます。

では、「本当は、どんなはずだったのか?」をしっかりと説明できる人は多くありません。

手帳に書いたストレスと
何度も何度も向き合っていると
心がだんだん落ち着いていく。
ストレスだった出来事が、
幸せを引き寄せる出来事に変わっていく。
手帳は、あなたの恩師になっていく。

あなたにストレスを与えた経験を、あなたを幸せに導いてくれる経験にするためには、「こんなはずじゃなかった」よりも、「どんなはずだったのか？」を考えることが大事です。

「どうなったら、自分が幸せだったのか？」を導き出すことが、必要になります。

「今度はうまくいかせたい」と思うのであれば、**具体的に「どうなれば、うまくいったことになるのか？」をしっかりと決めておくことです。**

タクシーに乗ったときに、「楽しい場所に連れて行ってください」なんて言う人はいません。

仮に、そう言ったとしてタクシーの運転手さんの主観で連れて行かれた場所が、その人にとって楽しい場所になる可能性は極端に低いでしょう。

それと同じように、「どうなればうまくいったことになるのか？」を決めないと、無駄な行動が生み出されてしまいます。

そして、無駄な行動を繰り返しているうちに、うんざりして行動自体をやめてしまうことにつながってしまうのです。

私自身、**手帳にストレスを書き出したあとに、「本当はどうなれば良かったのか?」を手帳と対話しながらみつけていきます。**

私は昔、よくスタッフに怒鳴っていました。あるとき、スタッフが早く帰ろうとしたことがありました。そのときも、「なんで、ひとりだけ早く帰るんだよ!」とそのスタッフに対して、怒鳴ってしまいました。

そのあとに手帳のストレス項目に

〝スタッフが早く帰る〟

と書き出しました。

そして、「本当はどうなれば良かったのか?」を考え始めました。

しかし、なかなかピンとくる答えはみつかりません。

単純に考えると、「スタッフに遅くまで残ってほしい」となるのですが、それが自分の幸せだとは、どうしても思えません。

私の本当の幸せは、手帳と何度も対話していくなかでみつかっていきました。

その答えは〝スタッフも私も幸せに働きたい〟ということでした。

それであれば、「早く帰る」こと自体は何の問題もありません。「お互いにより幸せに働く」という幸せに向かっていれば、良いだけのことです。

ということは、私がストレスを感じたのは〝スタッフが早く帰る〟ということではなく、〝スタッフの行動が幸せに働くという目的に向かっていない〟ということに気がつきました。

次に私は、「お互い、より幸せに働く」という幸せに向かうために手帳との対話を始めました。

その結果、手帳が教えてくれた答えは、

〝スタッフと一緒に、お互いの幸せとそこまでの道のりを共有する〟

ということでした。

お互いに「どうなったら幸せに働ける」と感じているのか？

そして、そのためには「どうすれば良い」と感じているのか？

それをお互いに伝え合い、お互いが納得するまで、「どうなったら幸せに働ける」「どうすれば良い」を具体化していきました。

さらに、スケジュールも共有するようにしました。

それからというもの、スタッフがどれだけ早く帰っても、私はスタッフに怒鳴ることはなくなりました。スタッフが「毎日何のために何をしてくれているか？」がしっかりわかって、毎日感謝できているからです。

今振り返ってみると、私は「早く帰らせないために」「言うことを聞かせるために」という幸せにつながる目的とは違う方向に歩いていました。

「お互い、より幸せに働く」という「本当はどうなれば良かったのか？」を手帳から教えてもらったおかげで、その方向へ進むことができています。

ストレスを放っておくのではなく、ストレスから「本当はどうなれば良かったのか？」を導き出すことで、幸せへの道が開かれていきます。

「本当はどうなれば良かったのか？」がわかった人はどんなにゆっくり進んだとしても、「本当はどうなれば良かったのか？」を決めていない人よりも幸せに早くたどり着くことができます。

手帳が、後悔しない毎日を引き寄せる

私のお客さんには、「成長しておいて良かったです！　昔の自分だったら、絶対にできなかった」と満面の笑顔で話す人がいます。

その言葉通り、経験を活かして成長していくことで、後悔する行動は減っていきます。そして、幸せを手に入れる確率は高まっていきます。

たとえ、昨日のことだとしても
それは「終わったこと」。
後悔なんてしなくて良い。
「どうなれば良かったか？」を
ゆっくりと描いて、
幸せのタネを育てれば良い。

手帳と定期的に対話することで、後悔する行動を減らすことができます。

そうすると、感情に流される自分ではなく、先にある幸せまで考えている冷静な自分で出来事をとらえることができるようになります。

すると、**手帳にいる過去の自分が、まるで別人のように感じることがあります。**

「なんであんなことしたんだろう……」とか「こうすれば良かった」が溢れ出てきます。過去の自分を「青いな」と思うことは、成長しているという証です。


手帳と定期的に対話して、自分と向き合うこと。

それが習慣化していくと、「後々手帳と対話するときに、自分はどう思うだろう?」という感覚が芽生えてきます。

ストレスが溜まって、自分を見失いそうなときに、「危ない。また同じことをするところだった」と思えるようになっていきます。そうやって、今、後悔する行動を止めてくれる自分になっていきます。

そして、「こうしたほうが、後々、今の自分に感謝できるな」と思える行動ができるようになっていくのです。

いつも手帳と向き合う習慣をつけ、「未来のあなた」の声に耳を傾けることができるようになれば、ますます未来のあなたは幸せになっていきます。

そして、それを想像している今のあなたの毎日も大好きな時間でいっぱいになるのです。

第4章

大好きな未来を引き寄せる手帳との向き合い方

夢がみつからなければ、手帳に相談しなさい

「将来の夢は？」と聞かれたとき、あなたはどう答えますか？

答えられない場合は、どんなささいなことでも良いので、「やってみたいこと」を想像してみてください。

「○○を食べたい」
「○○に行きたい」
「○○をやってみたい」
「○○だと言われたい」
「○○に会いたい」

何でも構いません。とにかく思いついたままに、想像してみてください。

そして、そのときの自分の気持ちを感じてみてください。


夢は無理やり探すものではありません。

なぜなら、無理やりみつけた夢や、誰かに影響された夢では、ウズウズしてたまらなくなることはないからです。

だから、夢は自分自身でみつけてほしいのです。あなたが「心の底から手に入れたい！」と思い続けられる夢をみつけてほしいのです。

体の芯から湧き出てくるワクワクが抑えられないくらい、自分の気持ちに正直に、素直に、手に入れたい夢です。

その夢は他人がみつけてくれることはありません。

あなただけでみつけることも難しいでしょう。

あなた以上にあなたのことを知っている手帳と一緒にみつけていくべきなのです。

手帳と向き合う時間＝夢と向き合う時間

あなたが、心の底から手に入れたい夢をみつけるためには、手帳に、次の質問をすることです。

〝自分がどんな状態にあれば幸せを感じられるのか?〟

それを手帳に質問し、その答えをしっかりと理解することです。
ほとんどの人は、それを日常で感じているはずなのに忘れてしまっているのです。
自分の大好きなこと、幸せを感じる時間、理想のライフスタイルがわからないのです。

人の感じ方には、それぞれ癖があります。

幸せを感じやすい人もいれば、つらいことを感じやすい人もいます。

人から与えてもらったことを忘れない人もいれば、人から傷つけられたことを忘れない人もいます。

過去の成功ばかりに目を向ける人もいれば、過去の失敗ばかりに目を向ける人もいます。

そして、その癖は自分の状況によって変わっていきます。

余裕をなくせばなくすほど、多くの人は、自分の心を粗末に扱ってしまいがちです。

そうして、感じ取る力が弱くなっていきます。

結果、日々訪れるたくさんの幸せのヒントに気づかなかったり、忘れてしまったりします。

そうではなく、ちゃんと自分の心を大切にしてほしいのです。幸せなこともつらいこともどちらも大事にしてほしいのです。そうして、**つらい時間は減らして、幸せな時間を増やしていってほしいのです。**

イヤな人との予定や、気分の乗らない予定はなくして、大好きな人との予定や、やりたくてたまらない予定で、手帳をいっぱいにしてほしいのです。

「夢がみつからない」人たちは、「夢がみつからない」のではなく、「夢をみつける時間を持っていない」場合がほとんどです。

本当の夢は待っていてもみつかるものではありません。

自分の心をしっかりと手帳に伝え、何度も手帳から思い出させてもらってください。

「あの時間は楽しかったね」
「あの時間をまた過ごしたいね」
「あんな時間ばっかりになったら幸せだね」

自分の心が動いた時間を大切にしていくことが、自分の「本当の夢」をみつけることにつながっていきます。

自分の心の声を無視していると、
そのうち、聞こえなくなってしまう。
自分の心の声に耳を傾けて、
手帳に書く。何度も感じる。
そうしていくと、自分の夢がみつかる。
幸せへの道がみつかっていく。

動きたくて眠れなくなる手帳の使い方

夢に向かって行動しようとするとき、どうしても、いろんな不安が頭のなかに湧いてきます。

「本当にうまくいくのかな？」

「失敗したら、どうしよう？」

「全部無駄になったら、立ち直れないかも？」

という失敗への恐れもあるでしょう。

それだけではなく、

「結果を出したら、妬《ねた》まれるんじゃないか？」

「目立つことをしたら、浮いてしまうんじゃないか？」

「あの人は変わったとまわりの人が離れていってしまわないかな？」

というように、成功することへの恐れを持つ人も多くいます。

そして、最も多くの人が抱くのが、

「夢が叶うまで行動し続けられないかもしれない」

という恐れです。

そんな人たちの相談を聞くたびに、いつも**「人は、夢と行動を天秤《てんびん》にかけている」**と感じます。

夢の重さが、行動の重さよりも軽くなれば、行動のほうに天秤は傾きます。行動のほうに天秤が傾けば、行動は重いものに変わっていきます。そうなると、「面倒くさいから、行動したくない」という状態になっていってしまいます。

夢の重さが、行動の重さより重くなればなるほど、夢のほうに天秤は傾きます。

夢のほうに天秤が傾けば、行動は軽いものに変わっていきます。
そして、行動自体が楽しくなっていくのです。

たとえば、完走したら1万円がもらえるフルマラソンよりも、完走したら100万円がもらえるフルマラソンのほうが参加者は多くなります。

もし、あなたが前から欲しかった車が100万円で購入できるとしたら？

もし、あなたが前から欲しかったバッグが100万円で購入できるとしたら？

マラソンを走っている最中も、笑顔が抑えられなくなるかもしれません。

「たったこれだけのことで、100万円がもらえるなんて！」と感じる人がほとんどでしょう。

だけど、反対に完走しても1000円しかもらえなかったとしたら？

「こんなに大変なのに、1000円しかもらえないなんて！」と感じる人がほとんどでしょう。

どれだけ大変だと感じることも、得られるものが大きければ大きいほど、その大変さは薄まっていきます。

「失敗したら、馬鹿にされるかも？」「全部無駄になったら、立ち直れないかも？」という失敗への恐れだけじゃなく、成功したとしても「結果を出したら、妬まれるんじゃないか？」「目立つことをしたら、浮いてしまうんじゃないか？」という恐れなんかどうでも良くなる、心から大好きな夢。

そんな夢を持てるようになると、「夢が叶うまで行動し続けられないかもしれない」なんて思うことはなくなります。

だから、**心から大好きな夢を、心からのやりたいことを、手帳と対話して、みつけることです。**

そうなると、「たったこれだけのことで、こんな未来が手に入るんだ！」と思えるようになり、行動自体がやりたくて仕方ないことに変わっていきます。

「うらやましい」という夢のタネを手帳に書き貯める

ご存じの人も多いかもしれませんが、有名な「ノミと瓶《びん》」の話があります。

ノミは1メートル以上ジャンプできると言われています。そのノミを30センチの小さい瓶に入れて蓋《ふた》をします。そうすると、そこで何度もジャンプし続けて頭をぶつけます。

そのあとに、ノミを瓶から出しても30センチ以上飛ぶことはできなくなっているという話です。

ノミは、何度も頭をぶつけるうちに、そこまでしか飛べないと思い込んでしまっているのです。

人も全く同じです。たくさんの経験で傷ついてしまい、夢を描けなくなってしまっている人はたくさんいます。

30センチしか飛べなくなってしまったノミのように、良い未来が想像できなくなってしまっているのです。

だけど、**このノミの話には続きがあります。30センチしか飛べなくなってしまったノミに1メートル以上飛ぶノミを見せたら、また1メートル以上飛べるようになったという話です。**

子どもは、「やりたいことをやりたい」と言います。

だけど、たくさんの挫折や挫折した人の話のせいで「やりたいこと」は「できないこと」に変わっていってしまいます。

そして、やりたいことを考えること自体が虚《むな》しくなって、考えることをやめてしまいます。そうやって、最終的に考えられなくなってしまうのです。

大事なのは、1メートル以上飛んでいるノミをしっかりと見ることです。まわりにいる人でも良いです。テレビに出ている人でも良いし、雑誌に出ている人でも良いです。

その人たちを見て、ただ比べて落ち込むのではなく、ちゃんと「うらやましい」と感じることが大事です。

「妬み」という言葉を調べてみると、「他人をうらやましく思い、その分だけ憎らしいと思う感情」という答えが出てきます。要するに、妬みはあきらめた人だけが持つ感情なのです。

妬みを持つ人は「お金は持っているけど、人間性がなぁ」とか「人気はあるけど、家族関係がなぁ」など、相手の悪いところばかりを探します。

その結果、「これ、自分もやってみたい」「こういうふうに私もなってみたい」という行動する理由よりも、やらない理由ばかりをつくり出すのです。

もし、あきらめていなかったら、妬みの感情は生まれません。やらない理由もつくり出す必要はありません。

ただ単純に「うらやましい」と感じ、自分も「やりたい」「なりたい」と感じるだけなのです。

「うらやましい」と感じたこと、「やりたい」「なりたい」と感じたことを、その都度《つど》、手帳に書き貯めてください。それが、あなたの夢のタネになり、大好きな未来につながるのです。

とびきり叶えたい夢を手帳に１００個書いてみる

ここからは、具体的に「夢のみつけ方」をお伝えしていきます。

まず、最初にやっていただきたいことは、手帳に夢を１００個書いてみることです。

しかし、そう言われても、なかなか書き出すことができない人もいるでしょう。

その理由のひとつは、「夢」と聞くと、「人を感動させられるほど、壮大なもの」でなければいけないと思い込んでいるからです。

でも、その思い込みからつくられた夢は、誰かに対抗するためにつくった夢、誰かに語るためにつくった夢です。その夢は、決して叶えられるものではありません。なぜなら、自分自身が本気で叶えたいと思っていないからです。

「夢」と辞書で調べると、「将来実現させたいと思っていること」と記されています。

夢は、「実現させたいこと」なんです。

だから、誰かに語る必要もなければ、壮大である必要もないのです。

ステップ①「うらやましい」から、具体的な夢を書き出す

まずは、自分が「うらやましい」と感じたことをとことん具体的に書き出します。

大事なのは、**自分に制限をつくることなく、あなたの思うがままに、自由に、そしてわがままに、「これ、自分もやってみたい」「こういうふうに私もなってみたい」と**

とびきり叶えたい夢100個を手帳に書き出してみよう

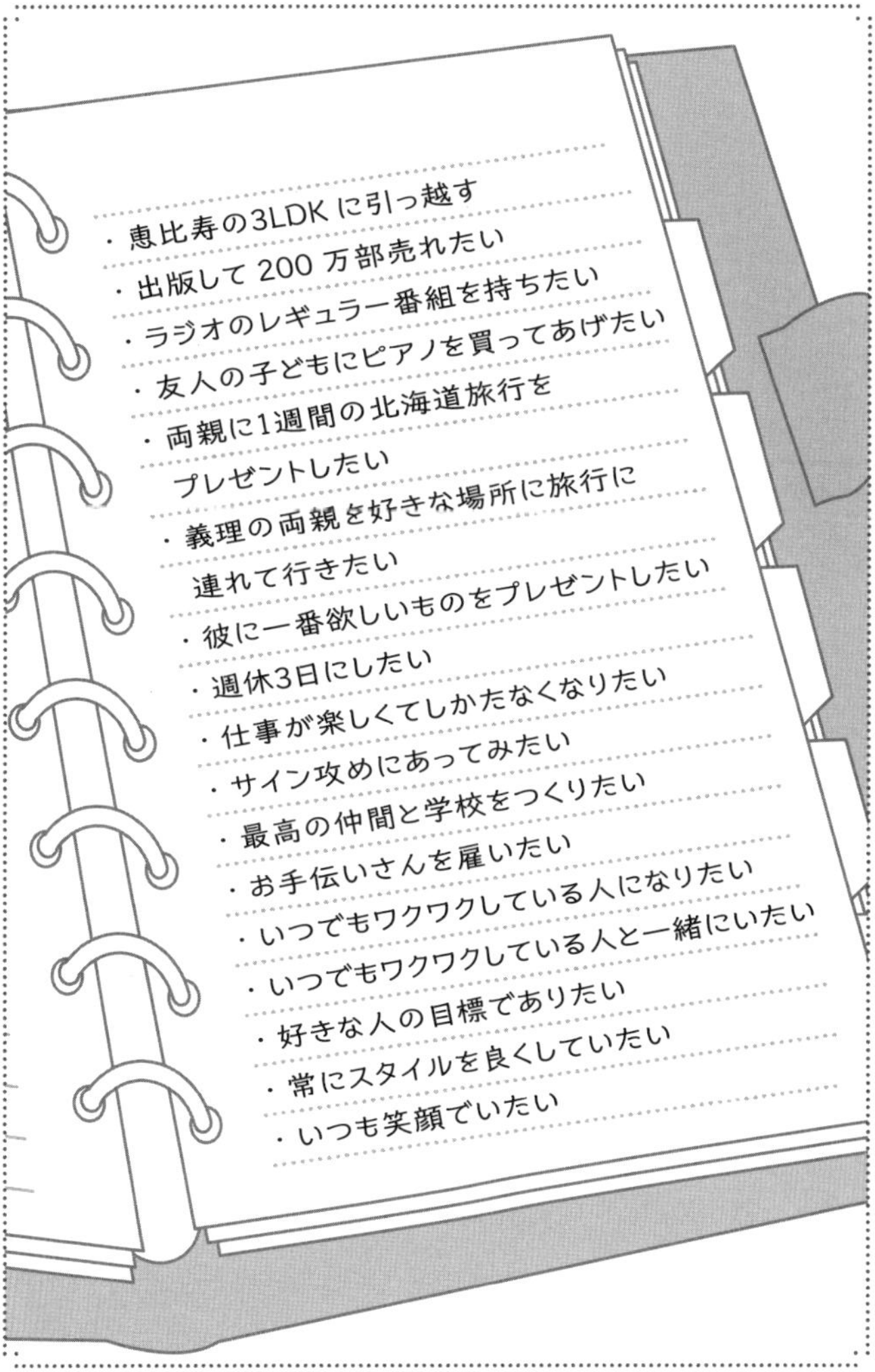
・恵比寿の3LDKに引っ越す
・出版して200万部売れたい
・ラジオのレギュラー番組を持ちたい
・友人の子どもにピアノを買ってあげたい
・両親に1週間の北海道旅行を
プレゼントしたい
・義理の両親を好きな場所に旅行に
連れて行きたい
・彼に一番欲しいものをプレゼントしたい
・週休3日にしたい
・仕事が楽しくてしかたなくなりたい
・サイン攻めにあってみたい
・最高の仲間と学校をつくりたい
・お手伝いさんを雇いたい
・いつでもワクワクしている人になりたい
・いつでもワクワクしている人と一緒にいたい
・好きな人の目標でありたい
・常にスタイルを良くしていたい
・いつも笑顔でいたい

いうところだけを見ることです。

大好きな時間でいっぱいの未来を妄想するのです。

そして、すべてを具体的に書き出していってください。

「この人のようになりたい」ではなく、

「この人のこんなところを身につけたい」

「家が欲しい」じゃなくて、

「どの場所に、どれくらいの広さのどんな間取りのどんな見た目のどんな居心地の家が欲しい」

「有名になりたい」じゃなくて、

「〇〇（テレビ番組名）のコメンテーターで週1だけ出たい」

「出版して、200万部売れたい」

「ラジオのレギュラー番組を持ちたい」
「○○（雑誌名）に連載コラムを出したい」

「お世話になった人に恩返ししたい」じゃなくて、
「○○さんの子どもに、○○を買ってあげたい」
「両親に1週間の北海道旅行をプレゼントしたい」

など、すべての「なりたい」「欲しい」を具体的に書いていくのです。

夢は具体的になればなるほど、イメージがしやすくなります。
そして、イメージがしやすくなればなるほど、本気で叶えたいと思えるようになるのです。

「なりたい」「欲しい」を
具体的にすればするほど、
手に入れる場面をイメージできる。
イメージできれば、心がはずむ。
心がはずめば、欲しい気持ちは
もっともっと強くなる。

ステップ②「すべてがうまくいくとしたら？」から、夢を書き出す

子どもは、夢を語ります。

小さい子どもは、「○○に〝なる〟」という言葉で語ります。

少し成長したら、「○○に〝なりたい〟」と言い始めます。

もう少し成長すると、「○○に〝なれたら、なりたい〟」。

だんだん言葉が消極的になっていく場合がほとんどです。

なぜなら、成長するにつれ挫折を経験していくからです。痛みを感じていくからです。そうして、その「挫折」がトラウマになり、夢に対してブロックがかかってしまいます。

そのブロックは、無意識のうちに当たり前になってしまいます。

そうして、夢を描くことの大きな妨げになってしまいます。
しかし、それだと「実現できる可能性が高い夢」は描けても、「実現したい夢」は描けなくなってしまいます。

〝すべてがうまくいくとしたら、私は何をしたいだろう？〟
〝すべて失敗しないとしたら、私はどんな未来が欲しいだろう？〟

そうやって手帳に問いかけ、じっくり「実現したい夢」をみつけ出すこともお勧めです。

「できそうなこと」から
夢をみつけようとしても、
本気の夢はみつからない。
「なんでもできる自分」になって、
「やりたいこと」を
思いっきり描いてみよう。

ステップ③「10億円手に入ったとしたら？」から、夢を書き出す

人は、それぞれ生きてきた環境も経験も違います。

挫折がトラウマになっている人がたくさんいます。

お金がトラウマになっている人もいるでしょう。

お金がトラウマになっている人は、幸せより「お金」を優先する傾向があります。

「お金がないことが一番の不幸」という思考になってしまっているので、「大好きな夢」よりも「お金に困らない未来」を描いてしまいがちです。

私も、起業当初に貧乏生活に陥ってしまったことから、「お金」を追いかけていた時期があります。

「もうあの頃に戻りたくない」「二度とあんな思いはしたくない」強くそう思ってい

ました。

そんなときに、夢を描こうとしても、なかなか描くことができませんでした。

正確に言うと、夢を書き出すことはできました。

「○○なビジネスをやりたい」「○○なサービスを展開したい」……。

しかし、それらはすべて「お金を稼げる未来」「お金に困らないための未来」でした。

「お金のための未来」を見ても、なかなかイメージは膨らみません。

お金を手に入れる瞬間のイメージは湧きますが、それ以外で、自分の笑顔やワクワクは全く想像できません。

私はある機会から「お金に関係なく夢を描く方法」を知ることができました。

それは、十二分にお金を手に入れた人との出逢いでした。

その方は、60歳で定年退職して夢だった海外移住を成し遂げられました。一生向こうでゆっくり暮らすのが夢だったそうです。

それなのに、たった1年で日本に帰国されたそうです。

せっかく夢を手に入れたのに、たった1年で帰ってきた理由をその方に尋ねました。

すると、「つまらなかったから」という答え。

「一生分のお金を手に入れたら、幸せになると思っていた。だけど、一生分のお金を手に入れたら、何が楽しいのかわからなくなった。ずっと、お金のことしか考えずに生きてきたから」

その事実は、私にとって衝撃的でした。

なぜなら、私もずっと「一生分のお金を手に入れたら、幸せになる」と思っていたからです。

「だったら、お金を手に入れたあとのことを描いてみよう」

そう思って、手帳を開きました。

そして、ざっくりと金額を計算しました。

〝すごく良い家に住んで、3億円。すごく良い生活をして、3億円。念のための貯金で4億円。合計10億円〟

という極めてざっくりな計算です。そして、手帳にこう書き始めました。

〝10億円手に入れても、やりたいこと〟

そうして、たくさんの「10億円手に入れても、やりたいこと」を書いていくと、大きな気づきがありました。

「こんなにやりたいことがあったんだ……」

その瞬間に、自分がどれだけお金に振り回されていたかわかりました。
そして、どれだけ目先のことしか見ていなかったのかも気づくことができました。
お金のことばかり考えている人は、叶えたい夢を描くことが難しくなりがちです。
なぜなら、「お金のため」に仕事をしていると思い込んでしまっているからです。

私は、今までたくさんの人たちに
「10億円、通帳に振り込まれていたらどうしますか?」
という質問をし続けてきました。
そうすると、8割以上の人が同じ答えをしました。

「まず、仕事をやめます」

その答えを聞いたあと、私は決まって同じ質問を繰り返し続けます。
「それから、どうしますか?」

そうすると、「旅行に行きます」「ゆっくり休みます」いろんな答えが返ってきます。

そこで、私はまた同じ質問をします。

「それから、どうしますか？」

「仕事をやめて、旅行に行って……」

それからどうするか答えられる人は、ほとんどいません。

そういう人は「仕事をやめたい」という願いが一番になってしまっています。

「仕事をやめたいと願いながら仕事をし続ける」そんな悲しい日々はありません。


そんな人には、**〝10億円手に入れても、やりたいこと〟を書くことをお勧めします。**

「仕事をやめて、自由になった自分は何をするか？」


それをじっくり考えてほしいのです。

そうすると、今までお金のトラウマで、見えなかった未来が見えてきます。

今まで同じように考えてもらった人のなかには、「今の仕事の延長線上に夢があった」と気づいた人もいます。

「今すぐに行動できる夢がみつかった」と言う人もいます。

その結果、「今までもったいない毎日を過ごしていました。だけど、明日からが楽しみです」と言っていただけています。

〝10億円手に入れても、やりたいこと〟を考えることで、きっとたくさんの「心から叶えたい夢」がみつかって、日々が楽しくなっていくはずです。

「仕事をやめたい」「お金持ちになりたい」
という欲求が本当の夢を見えなくさせる。
「仕事をやめるのが夢」じゃなく、
「お金持ちになるのが夢」じゃなく、
「そのあと、何をしたいのか?」から、
本当の夢はみつかっていく。

ステップ④「過去、幸せを感じたこと」から、夢を書き出す

さらに、日常のなかで手帳に記していった「幸せを感じたこと」「本当はどうなれば良かったのか?」から、手に入れたい夢を書き続けてください。

私が講師を務めるスクールでは、夢や目標を書いてもらう時間があります。

だけど、すぐに書き出すことができる人はごくわずかです。

そのときに、私は2つの質問をさせていただきます。

まず、ひとつめが**「今まで眠れないほど楽しみだったことは何ですか?」**という質問です。

そうすると、たとえば「私は、○○なお客さんが来る日が楽しみだったな。じゃあ、

そういうお客さんばかり集客できるようになったら、幸せだな」と感じて、「○○なお客さんばかりにする」という夢を書き出す人がいます。

「行ったことがない場所に行くときが楽しみだった」というビジネスマンの人は、「いろんな場所に行ける仕事をする」という夢を書き出しました。

「料理をつくるのが楽しみだった」「学生のときの塾の講師のバイトがワクワクした」というOLの人は、「料理」と「教える」の2つを実現できる「料理教室を開く」という夢を書き出しました。

「後輩の成長を見るのが楽しみだった」という営業マンの人は、営業マンを育てるポジションの「社内講師になる」という夢を書き出しました。

そうやって、夢をみつけた人の表情は一気に輝き出します。今まで、ただただ同じ日常を繰り返していると思っていたのに、その日常が夢へつながっていたことに気づくことができたからです。

夢を描くときに、仕事とプライベートを割り切る必要はありません。プライベートが仕事の夢につながる場合も数多くあるのです。

ステップ⑤ 「つらかったこと」から、夢を書き出す

人の感じ方には、それぞれ癖があるとお伝えしました。

幸せを感じやすい人もいれば、つらいことを感じやすい人もいます。

もし、つらいことを感じやすい状態であれば、夢や目標を書くときに、「今まで眠れないほど楽しみだったことは何ですか？」と聞いたとしても、全く想像がつかないでしょう。

そのときに、私はもうひとつの質問をさせていただきます。

「過去でつらかったことを思い出してください。そして、本当はどうなれば良かったのか？　を考えてみてください」

そう。第3章でお伝えしたストレスからみつかる「本当はどうなれば良かったの

か？」を活用するのです。

それをお伝えすると、「今まで眠れないほど楽しみだったこと」が思いつかなかった人たちが、すらすらと夢や目標を書き出していきました。

「新規のお客様とばかり毎日会わなければいけないのがストレス」と感じていた人は、「気が合うリピーターのお客様ばかりと仕事したい」という夢を書き出しました。

「仕事に追われていてストレス」と感じていた人は、「ゆっくり働いて、満足いく収入を手に入れる」という夢を書き出しました。

「家事がストレス」と感じていた人は、「お手伝いさんを雇う」という夢を書き出しました。

「電車移動がストレス」と感じていた人は、「電車に乗らなくても良い場所に引っ越す」という夢を書き出しました。

日々の出来事を手帳に記し続けると、手帳はあなたの本当の幸せをみつける宝庫になるのです。

本当に叶えたい夢をみつけるには、手帳に自分の感情とそれを引き起こした出来事を記すことが大事です。手帳を通じて、ストレスと幸せに向き合うことで、本当に叶えたい夢がみつかります。

たとえば、私の場合だと「お世話になっている地元（長崎）の友人にプレゼントを贈ったら、喜んでくれた」という幸せから、「友人に東京旅行をプレゼントする」という夢を書きました。「家の掃除が面倒」というストレスを感じたことから、「お手伝いさんが欲しい」という夢を書きました。

あくまで、個人的なもので良いのです。ささやかでも良いのです。

とにかく夢を書き出してみてください。

夢が100個以上になる人は、100個以上書いていただいて構いません。

もし、100個に届かなかった人は、無理して100個書くことはありません。

その代わりに、**「うらやましいと感じたこと」「幸せを感じたこと」「本当はどうなれば良かったのか？」を、日々手帳に記し続けてください。**

それを習慣化すると、100個の夢なんてあっという間にみつかります。

ウズウズしてたまらない夢10個をみつける

１００個の夢を書き出したら、もう一度、一つひとつの夢をゆっくり確認してください。

そのなかから、「特にこれが欲しいな！」「こういうふうに、絶対になりたいな！」「このことを考えるだけでワクワクする」という夢をみつけましょう。

その夢をみつけるには、先ほどお伝えした５つの方法で重複している夢をみつけるのです。

①「うらやましい」から、具体的な夢を書き出す

②「すべてがうまくいくとしたら？」から、夢を書き出す

③「10億円手に入ったとしたら?」から、夢を書き出す
④「過去、幸せを感じたこと」から、夢を書き出す
⑤「つらかったこと」から、夢を書き出す

その5つのうち、2つで重複している夢もあると思います。3つで重複している夢もあるかもしれません。5つすべてで重複している夢もあるかもしれません。

重複していればいるほど、その夢が、あなたが本気で叶えたい夢になります。その「本気で叶えたい夢」を10個ピックアップしてください。

そして、その10個の夢と繰り返し向き合ってください。

人は、目的地を決めることなく、目的地に向かうことはできません。

100個も目的地があると、目的地がどこだったか忘れてしまい、道に迷ってしまう可能性が高くなります。だから、心の底から大好きな10個に絞ってほしいのです。

そうやって、強く叶えたいと思える10個の夢はあなたの目的地になります。

「10個も目的地があるなんて大変!」と感じる方もいらっしゃるかもしれません。

ですが、**一つひとつの夢と向き合っていると、「すべての目的地（夢）は近くにある」ことに気がつきます。**

たとえば、私の10個の夢のひとつに、「世界一、卒業生が幸せに働けるようになる学校をつくる」というものがあります。

世界一、卒業生が幸せに働けるようになる学校をつくるためには、私自身が人へ貢献する力を高め続ける必要があります。さらに、その貢献力があることを知ってもらう必要があります。

そうすると、私の別の夢でもあった「テレビ、雑誌にとりあげられ続ける」という夢にもつながっていきます。また、「テレビ、雑誌にとりあげられ続ける」ようになるためには、それだけの実績を積み重ねていく必要があります。

その過程で収入も十二分に手に入ります。

そうすると、私の他の夢である「自分にとって最高の家に住む」「お手伝いさんを雇う」という夢も叶えられます。

ひとつの夢を叶えれば、他の夢も立て続けに叶えられる可能性が高いのです。

100個の夢を描いたら、
ウズウズしてたまらない夢10個に絞る。
そうしたら、歩き始める方向がわかる。
そうして、目的地へ歩き続けるうちに、
100個の夢すべてが
叶えられる自分になれる。

手帳に写真を貼り、夢を見える化する

私は、手帳の夢のページを開くとワクワクします。

1日の初めには、「今日も、夢のための1日にしよう」と思えます。

つらいことがあったときも、「夢のための糧《かて》にしよう」と元気になれます。

ですが、なかには、「手帳の夢のページを開いても、ワクワクしない」という人もいるでしょう。

それは、その夢が叶えたいものではなくなってしまったのかもしれません。

しかし、もしかしたら、その夢がただ単にイメージできなくなってしまった可能性もあります。

夢を描いているときは、たくさんイメージした上で活字にします。「イメージしてから、活字にする」わけで、「活字からイメージする」わけではありません。ですので、活字を見てもなかなかイメージが湧かなくて、ワクワクしないのは当たり前です。

そんな人にお勧めするのは、夢を「見える化」してしまうことです。

私の場合は、**とにかく手帳に写真を貼りまくっています。**

〝自分にとって最高の家に住む〟と書かれた文字の下には、住みたい家の写真を貼っています。

〝お客さんを最高に幸せにしたい〟と書かれた文字の下には、大好きなお客さんたちの写真を貼っています。

〝テレビ、雑誌にとりあげられ続ける〟と書かれた文字の下には、出演したいテレビ番組の写真を貼っています。

〝尊敬する著名人と仲良くなりたい〟と書かれた文字の下には、仲良くなりたい著名人の写真を貼っています。

そうしているおかげで、いつでも手帳の夢のページを開くだけで、未来がすぐにイメージできるのです。

どうしても笑顔になれないとき、
夢のページを開くだけで
渇いた心に希望が溢れる。
未来の自分の写真を眺めていると、
大好きな未来につながる
今日にワクワクできる。

夢に楽しく向かえるように
夢を叶えた先のワクワクも考える

心理学を学んだときに、「人は覚えたことの8割近くを翌日忘れてしまう」という事実を知って、驚いたことがあります。

そう、人は「忘れてしまう生き物」なのです。

人生を歩んでいくなかで、「忘れたほうが良いこと」「忘れてはいけないこと」がありますが、夢への想いを忘れてしまっては、人生の迷子になってしまいます。毎日がつまらなくなってしまいます。

だから、夢を手帳に書いて何度も見返してほしいのです。

しかし、「夢」だけを覚えていても、「夢への想い」を忘れてしまっては、月日が経つにつれ、「夢への想い」が薄まっていってしまいます。

だから、10個の夢を書くと同時に、**〝その夢を叶えたい理由と、叶えたあとはどうなるか?〟も一緒に手帳に記してほしいのです。**

夢を叶えるためには、「夢を叶えるまで」を考えることも大事ですが、**「夢を叶えたあと」を考えることも同じくらい大切**です。

夢を叶えたら、人生が終わるわけではありません。夢を叶えてからが、より大きな幸せがはじまります。

たとえば、私は「世界一、卒業生が幸せに働けるようになる学校をつくる」という夢がありますが、その夢を叶えたあとのことも手帳に書いてあります。

夢は、叶えてからも大事なのです。

夢を叶えた先にたくさんのワクワクがみつかればみつかるほど、夢へ向かう毎日も楽しくなり続けていきます。毎日が大好きな時間でいっぱいになるのです。

夢を叶えたあとの幸せも手帳に書いておこう

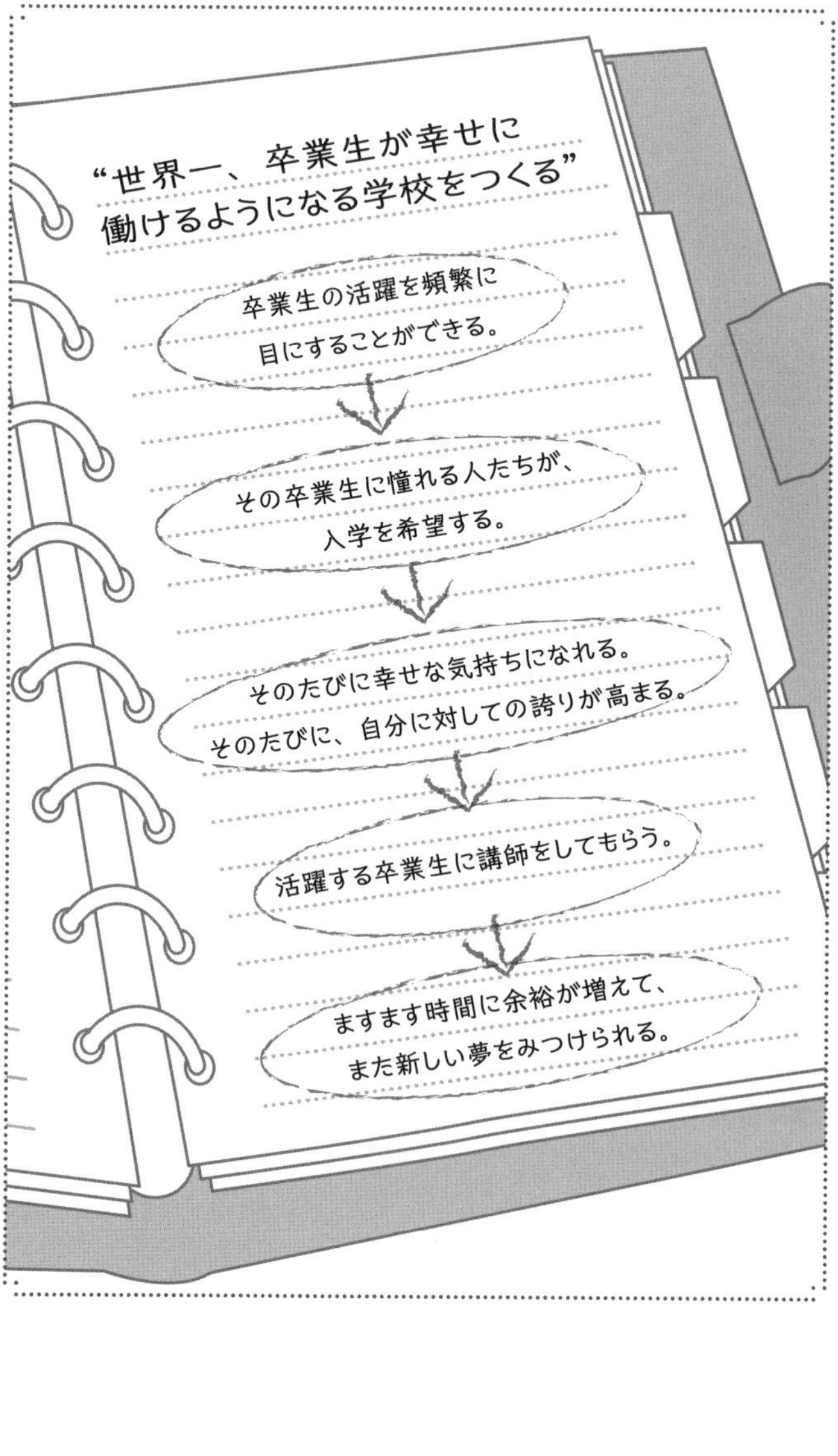

夢をサキドリしてみる

「夢への欲求」が大きくなればなるほど、人は夢を叶えるための行動をし続けます。

だから、100個から10個に絞り、さらに夢の先までをも手帳に書いてほしいのです。

だけど、それでも、まだ十分な「夢への欲求」を持てない場合があります。「夢への欲求」がだんだん薄れてしまう場合もあります。

そうならないように、していただきたいことがあります。

それは、「夢を今経験してみる」ということです。夢のサキドリです。

これから、「あなたが手に入れたい夢」、その夢のいくつかを「今、叶えている人」がきっといるはずです。

もし、あなたが青山にエステサロンをオープンしたいなら、青山にエステサロンを持つオーナーに会いに行ってみてください。

だけど、それは相手あってのこと。いきなり「会ってください」と言うのも失礼にあたる場合がほとんどです。冷たく断わられることを考えると、気が引けるのも当たり前です。その場合は、相手の幸せも自分の幸せも満たせることで夢を経験してみてください。

たとえば、その人が講演会やセミナー等を行っている場合は、そこに参加して話を聞いてみてください。もし、会える機会がない人の場合は、その人のインタビュー記事やSNS等を見ながら、自分の夢の姿を感じてみてください。

ハワイにマンションが欲しいという人は、ハワイの欲しいマンションを実際に訪れてみるのも良いかもしれません。

訪れると言っても、乗り込むという意味ではなく、そのマンションの前で空気を感じてみるだけでも、イメージは膨らんできます。そのマンションに住んでいる人と知り合いになって、話を聞いてみてもイメージは膨らむかもしれません。

「こういう家に住みたい！」という場合も、理想のモデルルームに見に行ってみる。

「こんな仕事をしてみたい！」という場合も、「その仕事をしている人」の話を聞きに行ってみる。手段は、友人のツテでも、転職フォーラムに参加するなど、いくらでもあるはずです。

自分が望む夢をとにかく体験してみてください。そして、イメージと欲求を高め続けてください。

そうすると、夢の先にある未来も、もっともっと増えていきます。

夢への欲求も、もっともっと高まっていきます。

夢を手に入れた「未来の自分」に会いに行く

日々の「ストレス」や「うらやましい」を手帳に綴っていく。

そうやって、たくさんの「やりたい」「なりたい」「欲しい」をみつけていく。そして、そのなかから「強く叶えたい夢」や「大好きでたまらないこと」をみつけていく。その強く叶えたい夢を叶えている人や場所と出逢い、何度も夢を経験していく。そうやっていくと、たくさんの時間、夢と向き合えます。そして、夢との距離が近くなっていきます。**今まで想像もつかなかった「夢を叶えた自分の姿」が、見えてくるようになるはずです。**それは本当に幸せな時間です。

手帳を開くたびに、

「こんな家に住んでいる自分」
「こんな余裕がある働き方をしている自分」
「こんなに自信を持って人に接している自分」
「こんなにまわりから愛されている自分」
「こんなに幸せに溢れた時間を毎日過ごしている自分」
「こんなに大好きな時間でいっぱいの自分」

そんな自分に出逢えるようになっていきます。

何度も何度も手帳を開いて、その「夢を叶えた自分」に会いに行ってください。

そのたびに、胸ははずみます。

そのたびに、大事なことを思い出せます。

そのたびに、やる気が高まります。

どんなときも、「夢を叶えた自分」は、あなたを幸せへ向かう道へ導いてくれるようになります。

私も、何かうまくいかないことがあるたびに、何度も「夢を叶えた自分」に会いに行きました。

期待していたことが、思い通りに進まなかったとき。心無い言葉を人からもらったとき。深く傷ついてしまって、自信をなくしそうなとき。疲れ果てて、あきらめてしまいそうなとき。

そのたびに、手帳を開いて「夢を叶えた自分」に尋ねました。

〝あなただったら、どうする？〟

そんなとき、**「夢を叶えた自分」は、「今の自分よりも大きく成長した自分」は、いつも大切な答えをくれました。**

「そんなことで悩まなくて良いよ」
「それよりも、こう考えてみてよ」
「それも良い思い出に変わるよ」
「それも全部成長に変えていけるよ」

そのたびに私は、こう思うことができています。
「夢を叶えた自分になるために、すべてを成長に変えていこう」と。
そして、未来への希望を胸に取り戻し、また今日を力強く生きることができるのです。

夢とたくさん触れ合っていると、
「夢を叶えている自分」になれる。
夢を叶えている自分は、
どんな気持ちになるか?
ゆっくりじっくり感じてみる。
そうしたら、夢との距離は近くなる。

「怖くて動き出せない」なら、徹底して〝最悪〟を手帳に書いてみる

「やればできる！」「失敗なんて考えるな！」

たくさんの本や講演、雑誌の有名人のインタビュー記事などで、その言葉を目にしてきました。

そのたびに、「それは、そうだ！　失敗したときのことを考えたら、何もできない」「失敗したときのことを考えても、時間の無駄だ」と強く共感していました。

だけど、自分を奮い立たせて思い通りに行かないことが起こるたびに、「失敗したらどうしよう？」とまた考えてしまうわけです。

私は経営者です。起業を決意したときに、「起業することにした」と友達に伝えると、

たびたび怖いことを言われました。

「絶対やめたほうが良いよ！　知り合いで事業に失敗した人知っているけど、悲惨だよ」

そんな言葉を聞くたびに、怖さが押し寄せてきました。

テレビドラマや漫画などで、倒産した会社の社長が闇金業者に追われている場面や自殺している場面を観るたびに、胸がモヤモヤして重くなってしまっていました。

そんなある日、また倒産して闇金業者に脅されて、自殺に追い込まれているドラマのシーンが流れていました。

そして、そこからシーンが回想の場面に変わり、順調に行っていた会社が転落していく様子が流れ出しました。相変わらず胸のモヤモヤがありましたが、あることに気づいた瞬間に、その胸のモヤモヤはなくなりました。

「あれ？　これって闇金業者から借金しなきゃ良いんじゃないの？」

それまでに、私が観てきたドラマや漫画の不幸シーンは、すべて闇金業者からお金を借りることが条件でした。

その瞬間に、「挑戦することで起こる〝最悪〟を一度しっかり考えてみよう」と思いました。

まず、私は**一番の恐れを手帳に書き出しました。**

〝集客ができない〟

その後、集客ができないときに起こる不幸を書き出してみました。

〝お金がなくなる〟

お金がなくなったら、どうなるのか？　を書き出してみました。

〝生活できなくなる〟

じゃあ、集客できずにお金がなくなっていたら、自分が何をするかを書き出してみました。

〝バイトする〟

どれくらいバイトで収入があれば、生活できるのか書き出してみました。

〝家賃（当時は自宅を事務所にしていたので、自宅兼事務所になります）　7万円
食費　1日千円×30日＝3万円
光熱費、雑費、携帯代　1万円
税金その他　4万円
合計　15万円〟

「あれ？　たった15万円で大丈夫なんだ……」と気づきました。

じゃあ、15万円を稼ぐためにどれくらいバイトすれば良いか考え始めました。当時、自宅の近くで時給が高いバイトを探してみると、時給1500円のパチンコ店が出てきました。

〝1500円×8時間＝1万2千円
15万円÷1万2千円＝12・5日〟

その瞬間に、私のなかの〝最悪〟が明確になりました。

私にとっての〝最悪〟は、「月13日間パチンコ店でバイトして、残りの17日を起業家として生きること」でした。

それは、**私にとって最悪でもなんでもありませんでした。**

それよりも、起業することをあきらめ、「起業したい」と言いながら、毎日やりたくもない仕事に耐え続けるほうが、よっぽど最悪でした。

徹底して、最悪を手帳に書いてみた瞬間に、私がそれまで抱えていたモヤモヤも不安もすべてが消えてしまいました。


挑戦すると、失敗することに恐れを抱くことは当たり前です。

だけど、多くの人が「失敗したら、どうしよう」と思うだけで、「失敗したら、どうするのか？」まで具体的に考えることをしていません。

そうすると、不安はますます大きくなっていってしまいます。

そんなときは、**最悪の結末を徹底して書いてみてください。すると、案外たいしたことがないことに気がつくかもしれません。**


私の手帳の最後のページには、「最悪とは？」というページがあります。

落ち込んだり、不安になったりするたびに私はそのページを開きます。

そこには、

〝月13日間パチンコ店でバイトして、残りの17日を起業家として生きること〟

という文字が書いてあります。

それを見るたびに、私の心は一気に軽くなります。

そして、「失敗したらどうしよう?」と考えることはなくなり、全力で前を向けるようになります。

失敗を恐れているのは、
勇気がないからじゃない。
失敗の先が見えていないだけ。
「失敗したら、どうするか?」
手帳に書き出していくうちに、
失敗しても楽しいことに気づける。

第5章

手帳の魔力で人生は劇的に好転する

あなたのスケジュールを大好きな予定で埋め尽くす秘訣

「幸せしかない未来」を目指す道のりも、また「幸せしかない道」であってほしいと私は思っています。

手帳のスケジュール欄を見るたびに、楽しみで胸が高鳴る。

「明日は、○○ができる」「明後日は、大好きな○○さんと会える」

そうやって、**大好きな予定しかないスケジュール欄にしてもいいのです。**

あなたを制約するものは何もありません。

あなたのスケジュールはあなたが決めて良いのです。

あなたの直感に従って、あなたの欲望に従って、あなたの本能に従って、ウズウズするほどたまらない、大好きなことだけで、スケジュールをいっぱいにしてください。

3000人の「理想のライフスタイル」実現をお手伝いしてきた経験から、そうしたほうが「大好きなことでいっぱいの未来」にたどり着くスピードがぐんと速くなる、といえるからです。

「1年後に確実に10億円が手に入ります。その条件として、今から1年間、世界で一番嫌いな人と片時も離れず一緒にいて、言うことを何でも聞いてください、と言われたら、やる人はいらっしゃいますか?」


私は今まで講座のなかで、何度もその質問をしてきました。

その結果、100人いたら、2、3人の方が手を挙げられました。

だけど、残りの98人は手を挙げません。

その方たちに、「10億円は欲しいですよね?」とお聞きすると、全員がうなずきます。

要するに、多くの人が「手に入れたいもの」を**「楽しく手に入れたい」**のです。

「人は、夢と行動を天秤にかけている」と第4章でお伝えしました。

夢の重さが、行動の重さより重くなればなるほど、夢のほうに天秤は傾きます。
夢のほうに天秤が傾けば、行動は軽いものに変わっていきます。

夢を「強く求めるもの」にすることも大事です。そして、もうひとつ大事なことは夢へ向かうための「行動」も楽しいものにしていく、ということです。

どれだけ素晴らしい目的地があったとしても、そのための道のりがあまりにも困難であれば、人は歩みを止めてしまいます。

「いや、そんなことない！　○○さんは、困難でもやっている！」と思うかもしれません。しかし、一見困難な道を歩いている人も、その道が楽しいから歩いているのです。

実際に私自身も、「サラリーマン」のときも、「起業」を始めた頃も、最初の頃は「大変な仕事だな」と感じていました。

しかし、手帳と向き合ってきたおかげで、「大変な行動」を「楽しい行動」に変え続けてきました。

大切な自分の時間を雑に扱わない

「大変な行動」を「楽しい行動」に変えるために、最も大事なことは、**「自分を尊敬する」こと**です。自分を決して「雑に扱わない」ということです。

あなたは、尊敬する人にどう接しますか?

きっとその人との時間を大切にするはずです。

メモをとるほど、話を大事に聞くはずです。その人に喜んでもらうにはどうすれば良いか? 一生懸命考えるはずです。

その人の時間を粗末に扱うことなんてしないはずです。その人の話を聞き流すこともないはずです。ましてや、その人の嫌がることをやらせることなんてないはずです。

その**尊敬する人と同じように、自分を扱ってください。**尊敬する自分の時間を大切にする。尊敬する自分の心に耳を傾ける。尊敬する自分がどうやったら気持ちよく行動することができるか？　考えてください。

「自分に尊敬を持って接すること」それをやり続けることで、大変な行動は、みるみる楽しい行動に変えることができます。

「どんな仕事にも我慢は付き物」と言う人がいます。

「幸せになるためには、我慢しなければいけない」と言う人がいます。

だけど、「我慢したから幸せ」になってしまうと、「我慢しないと幸せになれない」という思考に陥ってしまいがちです。そうなると、ずっと我慢し続ける生活を送ってしまいがちです。

もし、あなたがその思考を少しでも持ってしまっているのなら、すぐに捨て去ってください。**真の「幸せにつながる行動」をとることができれば、我慢なしで、「楽しい道のり」だけを歩いて、幸せにたどり着くことは可能です。**

そして、もし苦労のときが訪れたとしても、手帳と向き合い続けることができれば、その苦労の道を何倍も幸せな道に変えていくことができるようになります。

自分を、雑に扱ってはいけない。
大切な自分を大切に扱い、
大切な夢へとつなげていくこと。
それを忘れずにいることで、
夢へと続いていく道も、
また夢のような時間になる。

「忙しい！」をやめたら、楽しい毎日が手に入る

私は、「お忙しいところ、すみません」という言葉をよくいただきます。

でも、いつもこう返します。

「全然、忙しくないですよー」と。

起業したばかりの頃は、仕事がなさすぎて正直ヒマでした。仕事をいつも追いかけていました。でも、いつのまにか仕事に追いかけられるようになりました。そうして、「忙しい。忙しい」が口癖になっていた時期があります。

「忙しいという字は、心を亡くすと書く」という言葉を以前目にしたことがありますが、本当にその通りだと思います。

仕事に追いかけられていたときは、いつもイライラしていました。朝8時から仕事

を始めて、終わるのは夜中の12時ごろ。

仕事が終わっても、明日のことを考えると心は休まりませんでした。新しい予定が入ってくるたびにイライラして……。誰かが約束に遅れると、またイライラする。スタッフにも、家族にも、そのイライラをぶつけていました。

でも、手帳と向き合い続けた結果、今は忙しくない日々を過ごすことができています。

平日は、10時半に出社して、夕方6時過ぎには終わります。

土日は完全に休み。夏休み、冬休み、GW休みは、毎回9日以上休んでいます。それでも、余裕を持って仕事をしています。

だからと言って、収入が少なくなったわけではありません。反対に、仕事に追いかけられていたときの3倍以上の収入になっています。「働く時間は以前の半分以下。だけど、結果は3倍以上」という状態になっているのです。そして、夢に確実に近づいている毎日を送っていると断言できます。

それは、すべて手帳に「楽しい行動」を教えてもらったからです。

夢へ楽しく向かうための「楽しい道のり」を教えてもらったからです。

1の行動で、10の成果を出す時間をつくる

「夢に向かうためだけの行動をしましょう」と聞いても、「それは無理！」と感じてしまう人が多いかもしれません。

「やらなければいけない仕事はいっぱいあるし、自分の自由にはできない」という人も多いと思います。

そういう人は、

〝その行動を、どうやって夢につなげればいいんだろう？〟

と手帳に質問を投げかけてみてください。

そうすることで、手帳はあなたに、たくさんの答えを教えてくれます。

たとえば、以前の私のように、「契約をとる」ことだけしか見えていない人がいるとしましょう。

そんな人は、

〝『契約をとる』を、どうやって夢につなげればいいんだろう?〟

そう手帳に問いかけてみてください。

そうすると、たとえば「営業成績ナンバー1になる」「昨年の倍の成績を残す」「がんばらなくても、結果を出せる人になる」「働く時間は一番短いけど、一番結果を出す人になる」という夢につながるヒントがいくつも出てきます。

さらに、そのなかからひとつをピックアップして、次のように手帳に問いかけてみましょう。

〝『営業成績ナンバー1になる』を、どうやって夢につなげればいいんだろう?〟

そうすることで、たとえば「カリスマ営業講師になる」「敏腕コンサルタントになる」「優秀な後輩を育成する」「子どもに幸せになってもらうための教育ができるようになる」という夢につながっていくことになります。

このように、「その行動を、どうやって夢につなげればいいんだろう?」と手帳に質問を投げかけることで、「契約をとる」というたったひとつの行動が無数の夢につながっていくのです。手帳が教えてくれるのです。

ひとつの行動からもたらされる結果が、ひとつしかないことはありえません。しかし、多くの人が夢を忘れ、今のための1の結果しか求めていないために、1の結果しか得ることができずにいるのです。

ひとつの行動を、夢とつなげた行動に変えることで、10の結果を生み出すことがで

行動を夢につなげる手帳の書き方

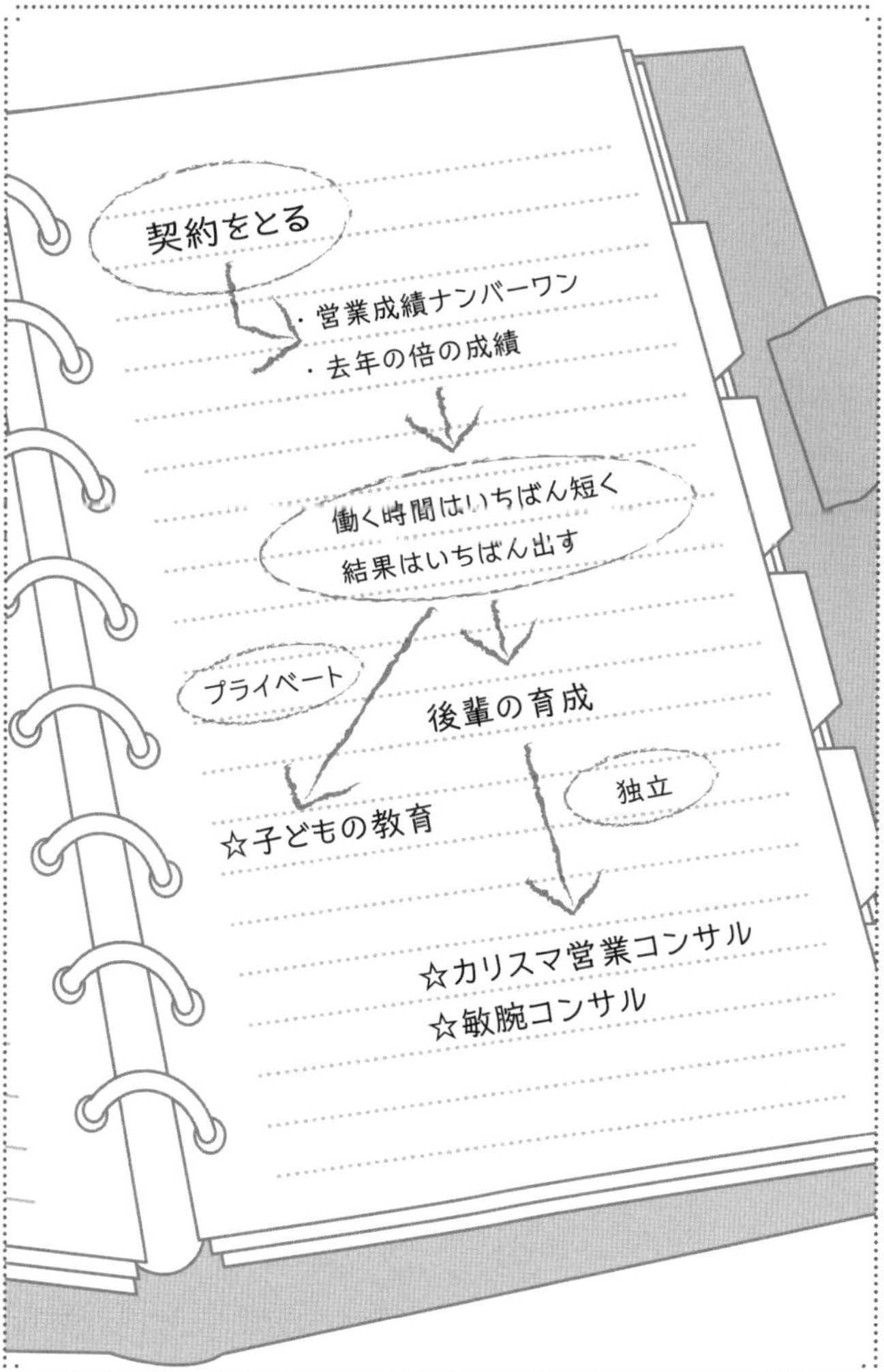

きます。そうすると、必然的に**他の人が10日かかってやることを、1日の時間でできるようになります。あまった残り9日間は、あなたの大好きなことに存分に使えばいいのです。**

夢につながっていない行動は、やる気も出ませんし、ワクワクすることもありません。そんな状態では、生産的ではありませんし、効率も悪いものになります。

しかし、**同じ行動でも、夢とつなげて考えることで、10倍以上の価値に変わります。**

手帳を通じて、「今やらなきゃいけない行動」が、実は「夢へつながっている行動」だと気づくことで、あなたの毎日はより価値ある時間、大好きな時間に変わっていくのです。

その日が待ち遠しくなるように、「予定のための予定」を書き込む

「スケジュールを確認するたび、憂鬱な予定だらけ……」

それほどつらいことはありません。しかし、「予定のための予定」を入れることで、その憂鬱な時間を楽しみな時間に変えていくことができます。

たとえば、性格が合わないと感じる上司とのご飯が嫌だったとします。

だけど、その上司からでも、幸せにつながる行動を学ぶことを目的にするのです。

もし、**その上司に「うらやましい」と感じることがひとつでもあるなら、それを手帳に書いておく。そして、その「うらやましい」を手に入れるための学びを得るために、質問を手帳に書いて、用意しておく。**

そうしておくと、憂鬱だった時間が、幸せにつながる楽しい時間に変わっていきます。

あなたが、手帳にメモをとっている姿を見たら、上司も気持ちよく幸せのヒントを話してくれるでしょう。

何の準備もしないよりも、準備をしておくことで、憂鬱がなくなる可能性は何倍も高まります。また、憂鬱どころか幸せな時間になる可能性も高まります。

何も準備をすることなく、憂鬱な時間をただただ待ち続ける必要はないのです。

私のお客さんのなかには、「これから起業する」という方たちがたくさんいらっしゃいます。

その方たちから、よく「起業って大変ですよね？」「つらいことのほうが多いと思うけど、がんばります」という言葉を聞きます。

だけど、実際に経営や集客についてお伝えすると、多くの方がこんな言葉を口にするようになります。

「詳しく知ったら、不安がなくなりました」「よくよく考えたら、そんなに心配することもなかった」「やることをやれば、大丈夫だって気がつきました」

「漠然と嫌」「何となく憂鬱」ではなく、「何が嫌で、何が憂鬱なのか?」を手帳によって、具体的にしていくことで、改善案は見えやすくなっていきます。

「予定のための予定」を手帳に書き込む。

そのちょっとした時間によって、いくらでもその日は楽しみになります。その日の時間の効率は何倍も高まっていきます。

私は、「予定のための予定」を手帳に書き込むようになってから、受注率5割だった打ち合わせが、受注率9割以上に変わりました。

そうなると、また無駄な時間が減り、スケジュールに余裕が出てくるようになっていくのです。

「予定を入れない」という予定を入れる

忙しくて、毎日、時間に余裕がない！　という人もいるかもしれません。

そんな人には、「予定を入れない」という予定を入れることをお勧めしています。

「スケジュール通り、進まないことがある」ことはよくあるものです。

たとえば、思い通りに進まない。突然、アクシデントが起こる。そして、その結果、スケジュールがだんだん遅れていってしまうという事態が起こります。


それを防ぐために、「予定を入れない」という予定を入れるのです。

週のうち、1日を「予定を入れない日」にしておくのもお勧めです。

私の場合は、週に2回、14時～18時を「予定を入れない時間」にしています。

そして、それを手帳のスケジュール欄に書き込んでおくのです。

この「予定を入れない時間」は、よほどのことがない限り、空けておきます。

お客さんから「このときに会いたい」と言われても、新規のお客さんから「どうしても、このときにお会いしたい」と言われても、「予定を入れない時間」のアポイントはお断りしています。

スケジュールに余裕がなくなるからです。

人は忙しいと心を亡くします。仕事に追われて、追い詰められて、疲れ果てると、集中力を欠いてしまいます。集中力を欠いたまま過ごしても、良い仕事はできませんし、大好きな時間は充実したものにならないでしょう。

結局何も生み出さない可能性が高いのです。そうして、さらに打ち合わせに打ち合わせを重ね、意味のない時間をつくり続けていってしまいます。

「苦労した分だけ、報われる」わけではありません。費やした時間の分だけ、結果が出るわけではありません。

集中力もやる気も欠けた人が10日間かけて、得られる結果。それは、集中力もやる

気も満ち溢れた人が、1時間で得られる結果と同じかもしれません。

自分を大事にしてください。

毎日を大好きな時間でいっぱいにし、幸せになっていく自分を大事にしてください。

そのためには、手帳に「予定を入れない」という予定を書き込むことです。

そうやって、ベストな状態で、大好きな時間をつくることが、大好きな未来を引き寄せていくのです。

ズルいほど幸せな未来へは手帳が連れて行ってくれる

私は頻繁に手帳にある自分の夢や理想を確認します。

そしてお客さんにも、自分の夢や、理想のライフスタイルを書いていただきます。

そのときに必ずお伝えすることがあります。

それが

「今の自分を基準にして、夢や理想のライフスタイルを考えないでください」

ということです。

私の生徒さんのなかに、毎月100人以上に向けて講演を行っている人がいます。自分で開催する講座はいつも満席。さらに、いろんなところから声がかかり、全国各地で講演会を行っています。

しかし、私が最初その人にお会いしたときは、その人はただのサラリーマンでした。当時から、週末を使って講演会を企画していましたが、まったく人が集まらず何度も中止していました。

だけど、その当時から「将来は引っ張りだこの人気講師になりたい」と言い続けていました。そして、そのために学び、一つひとつできることを実践していき、〝引っ張りだこの人気講師〟になっていったのです。

「最初からできる人」なんて、この世に一人もいません。

もし、「最初からできた」という人がいるなら、その人はその前にそれだけの知識や技術を身につけていただけのことです。準備をしていたのです。

あなたには無限の可能性があります。

だから、**もっと自分に欲張りに、もっと自分に正直になればなるほど、その可能性は花開いていきます。**

自分を制限する必要はありません。

ガマンする必要もありません。

まわりの目を気にする必要もありません。

あなたが大好きなもの、大好きなこと、大好きな人で、人生をいっぱいにしてください。

遠慮する必要はないのです。

手帳にとびきり叶えたいワクワクする夢、そして、あなたが心の底から幸せになる理想のライフスタイルを描いてください。

あなたがあなたらしく生きるために、あなたがもっと大好きなあなたでいられるために、あなたの最高のパートナーである手帳と一緒に、ズルいほど幸せな未来へと、一歩を踏み出してください。

手帳には、たくさんの希望が詰まっている

手帳を1ページずつめくっていくたびに、大切な経験を思い出すことができます。

手帳のなかには、たくさんの大好きな人たちとの出来事、たくさんの大好きな時間が存在しています。

手帳をめくって、その一つひとつを味わっていく時間。

それは、一つひとつの出来事から、今の幸せがつくられていることを、心から感じることができる時間です。

そして、その幸せをつくってくれた出来事と学びを、私は大事な人たちに伝え続けてきました。


私は、学生時代からの友人と妻と一緒に起業しました。結婚するときから起業することは決めていました。ですので、妻の両親にもそのことは告げていました。

そして、ありがたいことに、私の起業に対して理解を示してくれました。「あなただったら、絶対に大丈夫」とまで言ってくれました。

しかし、蓋を開けてみると、妻に苦労をかける日々。

妻の両親に合わせる顔がありませんでした。

妻の両親は経営者として40年以上のキャリアがあり、成功しています。そのせいもあって、その頃の状態をどうにかして隠したいと思っていました。

「あきれられたくない」

そう思っていました。

そんなとき、妻の母が東京に遊びに来てくれたことがあります。

そして、最もされたくない質問をされました。

「今、給料どれくらいなの？」

妻に対して「頼むから、ごまかしてくれ！」と願う私の思いに反して、妻は正直に答えました。

「今、5万円くらいだよ」

頭が真っ白になりました。

「あきれただろうな」

そう思った次の瞬間、思いもかけない義母の言葉が聞こえてきました。

「最初で、5万円だったら良いね」

そして、義母は私のほうを振り向き、こう言ってくれました。

私は、あのとき、義母からもらった言葉を手帳に書いています。

そして、あの頃の私と同じ状況、自分が情けなくて、恥ずかしくて、心折れてしまいそうな人に、その言葉を伝えています。そして、もしこの本を読んでいるあなたが、自分の幸せをあきらめそうになっていたら、同じ言葉を贈ります。

「絶対に、あきらめちゃだめだよ。あきらめなかったら、絶対に大丈夫だから」

おわりに

過去は、変えることができません。
だけど、今が変われば、過去への認識は変わっていきます。
私は、過去を恨んでいた時期がありました。
でも、今はすべての出来事に心から感謝しています。

「今の自分を育ててくれた場所」「今の自分を育ててくれた仕事」
「今の自分を育ててくれた人」「今の自分を育ててくれた出来事」

手帳を開けば開くほど、感謝の気持ちでいっぱいになります。

それは、今の自分が幸せだからです。

どれだけつらい過去を歩いてきて、どれだけつらい今を歩いている人も、未来を良くしていけば、今にも過去にも感謝できるようになります。

だから、絶対に〝過去〟から自分を決めつけないでください。
あなたは、ただ、過去の活かし方を知らなかっただけなのですから。
幸せになることをあきらめないでください。
あきらめることは、一番簡単なことで、一番つまらないことです。

子どもたちは、「欲しいもの」を口にします。「なりたい姿」を口にします。その姿を見ていると、きっと誰もが昔はこうだったのだろうなと思います。まぶしいほどの瞳の輝き、まわりに聞こえるほどの胸の高鳴りを持っていたのだと思います。

手帳と向き合うことで、今以上に、そのまぶしいほどの瞳の輝き、まわりに聞こえるほどの胸の高鳴りを取り戻してください。

そして、今のあなたには、子どもの頃と違って「経験」と「知識」があります。
それらをすべて夢のために使いましょう。
そうすれば、「未来」はどれだけ素晴らしいものになるでしょうか?
そして、その素晴らしい未来に向かう「今」もどれだけ輝き出すでしょうか?

そのために、何度もこの本を見返し、何度も手帳と対話し続けて、幸せになり続けてください。そうしたら、未来にも今にも過去にも、自分にも人にも感謝し続けることができる未来が訪れるから。

夢にまっすぐに進んでください。
すべての出来事を夢への糧に変えながら……。
大好きな時間を増やし続けながら……。

【著者紹介】
春明 力（はるあけ・ちから）

「理想の働き方」研究家。株式会社マインドプラス代表取締役。
長崎県西海市生まれ。カリフォルニア州立大学卒。幼少の頃、多くの失業者を目の当たりにしてきた経験から、「働く」ことに強烈にネガティブな思い込みを持つ。19歳で渡米、カリフォルニア州立大学に入学し「働かずに生きる方法」を探すも、みつからないまま帰国。一般企業に就職、過酷な経験のなか「楽しく働く人」の存在を知り「理想の働き方」の研究を開始する。「楽しく働く」ことの自らの実現のため、2007年26歳のときに貯金20万円で起業。お金のために望まない営業手法を選択したことから、顧客の質の低下とクレーム殺到を経験し、日々ストレスに悩まされる。それを乗り越えるため、本書で紹介する“手帳との対話”を実行。その結果、自分の「理想の働き方」に気づき、大好きなお客様だけを集客することに成功。現在では、「大好きな人と、好きな場所で好きなときに好きな時間だけ働き、好きなだけの収入を手に入れる」という、理想のライフスタイルを送っている。その経験とメソッドを、講演やセミナーを通じて、日々多くの人に伝えている。

ブックデザイン・図版：中西 啓一（panix）
帯写真：(c)Katsutoshi Hatsuzawa/NEOVISION/amanaimages

ズルいほど幸運を引き寄せる 手帳の魔力

2016年 8月31日　　第1刷発行

著　者　春明　力
発行者　八谷　智範
発行所　株式会社すばる舎リンケージ
〒170-0013　東京都豊島区東池袋3-9-7　東池袋織本ビル1階
TEL 03-6907-7827　FAX 03-6907-7877
http://www.subarusya-linkage.jp/
発売元　株式会社すばる舎
〒170-0013　東京都豊島区東池袋3-9-7　東池袋織本ビル
TEL 03-3981-8651（代表）　03-3981-0767（営業部直通）
振替 00140-7-116563
http://www.subarusya.jp/
印　刷　ベクトル印刷株式会社

落丁・乱丁本はお取り替えいたします

ISBN978-4-7991-0517-7